洛学兄弟 程颢、程颐

儒家文化之当代解读系列丛书

李永富/著　向世陵/总主编

西南交通大学出版社
成都

图书在版编目（ＣＩＰ）数据

洛学兄弟：程颢程颐 / 李永富著. —成都：西南
交通大学出版社，2018.10
（儒家文化之当代解读系列丛书 / 向世陵总主编）
ISBN 978-7-5643-6215-7

Ⅰ. ①洛⋯ Ⅱ. ①李⋯ Ⅲ. ①程颢（1032－1085）－
哲学思想－通俗读物②程颐（1033－1107）－哲学思想－通
俗读物 Ⅳ. ①B244.6-49

中国版本图书馆 CIP 数据核字（2018）第 114754 号

儒家文化之当代解读系列丛书 / 向世陵总主编

洛学兄弟：程颢程颐

Luoxue Xiongdi：Chenghao Chengyi

李永富　著

出 版 人　阳　晓
责任编辑　罗小红
助理编辑　罗俊亮
封面设计　原创动力
出版发行　西南交通大学出版社
　　　　　（四川省成都市二环路北一段 111 号
　　　　　西南交通大学创新大厦 21 楼）
发行部电话　028-87600564　028-87600533
邮政编码　610031
网址　http://www.xnjdcbs.com
印刷　四川煤田地质制图印刷厂
成品尺寸　130 mm×185 mm
印张　4.75
字数　80 千
版次　2018 年 10 月第 1 版
印次　2018 年 10 月第 1 次
书号　ISBN 978-7-5643-6215-7
定价　25.00 元

总序

向
世
陵

中国优秀传统文化在今天是一个频度颇高的热词，然其"热"之内涵，不论作何概括，总不离作为传统文化主体的儒家文化。

儒家的文化系统，进入我们眼帘的，首先是世俗文化，但在同时，儒家文化也有自己超越性的一面，以满足人们的精神需要和理性的价值追求。从学术的发展说，自传统儒学到宋明新儒学——理学的兴起，重点就是解决传统儒学只注重于世俗层面而缺乏超越性的精神品位的问题。放入哲学的框架，这被归结为形而上的问题。但中国儒家所追求的形而上并不如同西方哲学那样，其形而上是在形而下的现象世界之后或之外，它存在于现象世界之中并与其融为一体而不可分离。同时，儒家文化及其哲学的特点，是坚信超越性的本体与世俗的现象世界都是真实无妄的存在，并与我们的生命一起年年月月日日被证实。

就此而言，它也不同于由外入内而成为中国文化组成部分的佛教，后者是以真性与假象和合的真假合一观去看待世界。道理并不奇怪，因为追根溯源，佛教也是来源于"西方"的信仰和思想。

儒家批判佛老，反对佛老的虚空本性观，阐明天地人生无处不是实气、实理的存在。作为儒家本体论哲学渊源的子贡所言"性与天道不可得而闻也"，正是披露了儒家理论相对于佛教思想之优长，即"不得闻"正是说明了儒家反对空谈心性，而主张从气化的真实世界、从人伦日用的社会现实中去体悟天理，强调的是心境、心迹的统一。儒家文化打造的形而上的精神世界，只能存在于形而下的生活世界之中。放眼今天的社会，"独尊儒术"的时代虽然早已离我们远去，但围绕在我们周围的乡土人情、风俗习惯、家庭生活、节庆礼俗、教化信仰等方方面面，都无不浸染和诉说着儒家文化传统的深刻影响。其中所贯穿的，是作为人类生活总的导向的真善美的价值，又尤其是对真善的追求。

但社会的发展总有不尽如人意的方面，今天的中国，亦不乏不完美甚至丑恶的现象存在，一些人将原因归咎于缺乏信仰，又往往是特指缺乏超越性的宗教信仰。如此的诊断，并不符合中国社会的实情和民族的心理定位，也无助于认识在儒家文化浸染下中国人生活的多层面向。一般地说，有信仰好还是无信仰好不能一概而论，儒家文化在其创立者那里便是不信神力的，"子不语怪力乱神"（《论语·述而》）也。当然，儒家重视天，祭天在历朝历代都是国家的大事。然而，这种对天的心存敬畏，实质上是对外在于我的客观必然的尊重，但这并不意味拜倒在天的奴役之下。"神道设教"虽然也有市场，但这正好说明"神"并非超越性的权威，而是如同墨子"天志"那样是效力于人的工具，是为思想家或统治者的政策服务的。南北朝时期反佛的重要代表范缜，站在儒家的立场并吸收道家的方法，对佛教信仰者坚持的形神相分、形灭神存等观点进行了系统的批判，主张形神相即（不离）、形质神用。但在同时，范缜承认"神道设教"的必要，以为"所以从孝子之心，而厉渝薄之意"（《神灭论》）。有意思的是，反而是佛教信仰者不认同神道设教，而坚持鬼神的真实。在儒家学者对待神灵的态度中，唐代柳宗元有非常经典的表述，那就是"力足者取乎人，力不足者取乎神，所谓足，足乎道之谓也"（《非国语上·神降于莘》），神不过是人们在人生境遇不顺时的心理安慰罢了。柳宗元作为中唐儒学复兴运动的一名代表，明确提出了"文者以明道"（《答韦中立论师道书》）的重要思想主张，这与当年子贡言"性与天道不可得而闻也"正好相互发明，并成为后来周敦颐"文所以载道也"（《通书·文辞》）的经典语句的先行。可以说，在他们心中，儒家对天的信仰其实就是对道的尊崇。

因而，形式上是敬天祭神，实质上却是讲道说理，这在宋明理学家中有非常深入的阐发，譬如朱熹自己就认为理学是讲道理之学。天、道、理等固然属于超越性的概念，但又都不能离开内在性而独存。早年周公的敬天就已经向敬德转化，德性的价值被突出出来。天之道成为人之德，"天生德于予"（《论语·述而》）也。人与天相合，正是与天地

3

合其德。"德"虽内在，不"明"却不能得，"明"此明德根依于人对它的体验和认识。天人合一的图景依赖于天人有分的前提，"主宾之辨"同样是中国哲学的精神。人不是被动地"任天"而是主动地"相天"，天人的相合是以人积极主动的创造性活动为归宿的。

天人之间的相合在儒家又被披上了礼乐文明的特色。所谓"乐者敦和，率神而从天；礼者别宜，居鬼而从地。故圣人作乐以应天，制礼以配地。礼乐明备，天地官矣"（《礼记·乐记》），就是说，乐者敦睦和谐，调和其气，循（圣人）魂气而从天；礼者别物异处，裁制形体，循（贤人）魄体而从地，从此出发，乐感天地和礼制社会都属于必须，礼乐都显明完备，合力互动，天地人事就能各得其利了。就人事自身而论，在礼乐适宜地规范和熏陶下，人能够静心向善而不会随波逐流，从而有助于公序良俗的形成，并最终引向理想社会的愿景。在古人心中，圣人制礼作乐的目的，是为调节民之好恶，在乡俗民情、家庭邻里、婚丧节庆等日常行为活动中引导他们归向人道之正途。礼乐皆得其所，便是"有德"。德既是礼乐文明的集中表现，"所以名为德者，得礼乐之称也"（《礼记正义·乐记》），也是儒家培养健全人格的基本内核。

从经典资源的层面说，被视为中国文化生命之源的《周易》，在其开天辟地的乾坤卦之后，进入视野的是屯卦和蒙卦，"屯"就是一棵刚出土的幼苗，"蒙"则表明了它非常稚嫩，对处于蒙昧状态的学子来说，蒙卦《象辞》有针对性地提出了"蒙以养正，圣功也"的告诫。北宋两位著名的理学家程颐和张载，于此不约而同地做出了自己的选择：

程颐选择了"蒙以养"，的确，从蒙昧的孩童到进入成年，人都是在被养之中，这包括父母的抚养、师长的教养和社会国家的培养，由此而将幼苗——一代代的孩童养育成才。但人不能总是在被养之中，成才最终需要的是自我实现。自我实现不可能在真空中进行，人总是生活在善恶百行交杂和利益追逐的环境之中。人之初，未必性本善，很可能还是善恶混，故人心难免会产生不善的念头，相应地也就有了矫正和克服它的需要，以及为师者一方的传道、授业、解惑的职责。故与程颐不同，张载选择的是"蒙以正"，强调纠正、端正、矫正人的不善的观念以变化气质，从而保证这些成长中的树木能够正直而不扭曲。但不论是"蒙以养""蒙以正"还是"养"与"正"的合一，目的都是为培养圣贤，在今天就是指善的健全的人格，德行在这里具有当然的优先性。所以，蒙卦《象辞》释"蒙"之"象"是"君子以果行育德"——君子要以果决刚毅的行为去培养自己的德行。当然这不可能一蹴而就，而是一个从天道生生继续而来的自强不息的过程。

自强不息的道路，可能顺利，但更可能曲折。事实上，从人类告别猿类而开始自己的历史那天起，我们就是在与不同的困难做斗争中走过来的。但不论所遇是何种情况，张载都给我们提供了有益的教诲和恰当的对策："富贵福泽，将厚吾之生也；贫贱忧戚，庸玉女于成也。"（《西铭》）一句话，不论眼前发生的可能是什么，我们都应该以一种坦然和开放的心态去迎接。

西南交通大学出版社目前推出的这套"儒家文化之当代解读系列丛书"，与先前出版的同类型著作的区别，就

5

在于它既植根于弘扬优秀传统文化的沃野，又能够直面当代儒家文化复兴所涉及的若干有兴趣的话题，并呈现为一个源源不断的序列，这本身就是儒家文化生生不息精神的生动再现。丛书的作者都是这些年人民大学毕业的学生，他们能够结合自己的人生和社会实践去推进自己的学术事业，其所撰写的文字，融进了他们在民俗风情和家庭社会生活等方面体贴儒家文化的经验积累，既不乏历史的底蕴和精彩的思想辨析，又显得十分生动有趣，能够贴近当代青年学生的阅读兴趣和习惯。虽然其中也有若干不足之处，但作品的的确确是在对儒家文化进行着符合时代需要的当代解读，应该会带来良好的社会效益和思想效益。

　　本丛书的出版，要感谢热心的西南交通大学出版社的编辑和为这套书努力奔走的杨名博士。看到学生的成长及其作品问世，为师者倍感欣慰。敷陈数语，写在"儒家文化之当代解读系列丛书"出版之际，聊以代序。

中国人民大学国学院

2018年6月28日

引言

在古今中外，哲学家、思想家可谓灿若星辰，但兄弟几个全是思想家的却极为罕见。然而，在我国宋代却出现了好几例。北宋时期的苏轼和苏辙是这样，南宋时期的陆九龄、陆九渊等人亦是如此。可是，要论思想深度和学术影响，他们都无法与开创理学、对后世影响深远的程颢和程颐兄弟俩相比。

虽然兄弟二人在年龄上只差一岁，但他们的性格有很大差异。在学生看来，程颢待人一团和气，在聆听他的教诲时，有如沐春风的感觉。与程颢不同，程颐却给人一种烈日炙烤、秋霜肃杀的感觉。您可能会有一些疑问，例如，理学到底是一门什么样的学问？为何二程会给人留下不同的印象呢？如果您想知道这些问题的答案，就请跟我一起探寻洛学的奥秘吧。

目
录

第一章

二程其人

说起二程兄弟的出生，在湖北黄陂流传着一个名叫双凤入怀的有趣故事。据说二程的父母在婚后三年仍然没有儿子，为此颇为忧愁。当时，二程的父亲程珦在黄陂做官，有一天晚上，其妻在睡觉时做了一个奇怪的梦，梦见有一对凤凰在天上飞翔，好像在寻找什么东西。忽然，它们朝着自己的方向飞来，并且直接扑向怀中，这种异象一下子就把她吓醒了，后来，自己接连生下了两个儿子。据说，程颢和程颐的出生地就在今天黄陂前川街的文教巷。

虽说二程年龄仅差一岁，可是兄弟俩从小就表现出了不同的性格。程颢从小就比较懂事，喜欢读书。与大哥不同，程颐却比较贪玩，不喜欢学习。程母很清楚两个孩子的特点，对他们提出了不同的要求，并对他们的人生轨迹做了展望。在两个孩子学习的书本上，她分别写下了不同的勉励话语。对于程颢，她写的是"殿前及第程延寿"，希望他能够早日金榜题名。至于程颐，她写的是"吾爱勤读书儿"，盼望他能勤奋学习，成为一个对国家有用的人才。

细心的读者可能会问，长大之后的程颢和程颐是什么样的人呢？程母的期望是否一一应验了呢？要回答这些问题，那就请随我从有趣的故事中寻根究底吧。

顾二程子岊同受学濂溪，而大程遗性宽宏，规模阔广，以光风霁月为怀；二程（即小程）气质刚方，文理密察，以峭壁孤峰为体。其道岊同，而造遣自各有殊也。

程颢像

程颐像

一、如坐春风

今天，人们常常用"如坐春风"这个成语来比喻受到良师的教育。可是，要问起这一成语的来历，恐怕有些人就不大清楚了。下面我们就来一探究竟吧。

（一）心存善念

在生活中，程颢总是给人一种和蔼可亲的印象。无论是在教学时，还是为官期间，他都充分展现了心底的善念。

3

程颢在汝州做官时，负责监督征收酒税。他的学生朱光庭前去探望他，希望有机会当面聆听恩师的教诲。见到朱光庭，程颢非常高兴。在忙完政事之后，他就用心地向朱光庭传授自己的学问，程颢教得耐心细致，朱光庭也学得认真刻苦，很快一个多月过去了。朱光庭自感在学识上大有长进，但因家中有事，朱光庭不得不离开，所以学习也就此中断。

朱光庭到家之后，有人问他："朱先生，您在汝州的学习情况怎么样啊？"朱光庭兴奋地说："程颢先生是个道德高尚、学识渊博的人。没事时，他喜欢端坐，待人接物时，也总是一团和气。在教学时，他和蔼可亲、循循善诱，让我感到心情愉快，收获良多。打个比方来说，先生的教学就像'润物细无声'的春雨一样让人陶醉，就像和煦的春风一样给人温暖和力量，在汝州的这段时间，光庭如在春风中坐了一月。"听完朱光庭的叙说后，人们不禁对程颢的平易近人有了清晰的认识。这也便是"如坐春风"的来历。

程颢不只教学时待人和气，做官时也是一个明察秋毫、不摆架子的人。在任晋城县令时，程颢处理政事简洁明快，讲究实效。他兴办学校，对百姓实施教化，促进了儒学在当地的传播。他规定，如果老百姓有事要找县令，可以不用状纸，直接面见县官。在来人陈述冤情时，程颢总是耐心倾听，秉公判决。在做县令时，程颢经常会在衙内书写"视民如伤"四个字。有人问他："大人，请问这四个字是什么意思啊？"程颢解释说："官员善待百姓，应该像园丁保护柔弱的花草一样。只有官员这样做，国家才能兴旺发达。作为官员，我愧对这四个字啊。"他不但做官时心存仁爱，平时也能够和善待人。

程颢一生不喜欢坐轿子，理由是坐轿子太残忍了。在他看来，有人坐轿子，就必然有人抬轿，这种做法分明是以人类来代替牛马，他不能容忍这种行为。此外，他也反对富人家庭买奶婢。有的学生不理解，问道："为什么呀？"程颢解释说："奶婢之所以有奶，是因为她刚刚生了小孩。如果用奶水喂养了别人家的小孩，奶婢家的小孩可能就会饿死。这种做法是主人家珍爱自己的小孩，却不把奶婢家的小孩当人看。"听完程颢的解释，学生不由得打心眼里佩服先生的仁爱之心。可见，程颢是个心存善念、关爱他人的人。

在澶州任职期间，程颢也有很多政绩。当时，有个名叫程昉的水丞很有势力。在数九寒天，他不晓得爱惜民力，反而残暴地驱使民工治理河道，八百多名衣衫单薄的民工被迫跳进寒冷的河水中挖沙。等到下了大雪之后，河水变得冰冷刺骨。可是，民工依然被迫在水中劳作。最后，工人们忍无可忍，就逃离了工地，准备回家。当他们来到澶州的城门时，却被担心得罪程昉的守城官员拒之门外。被逼急了的民工非要进门，不然就要造反。程颢要求守城官员马上开门，让民工回家休息。看到守城官员依然心存顾虑，程颢就安慰他说："别担心。如果出了事情，由我一肩承担，与你无干。"接着，他亲自接待溃逃的民工，耐心倾听他们诉说自己的苦恼，又和他们商量好了带齐棉衣返回工地的日期。最终，经过程颢的悉心调停，一场干戈化于无形之中。

还有一次，天降暴雨，曹村的河堤决口了，水势滔天，当地的百姓只得逃离家园。由于曹村和京城开封仅相隔几十里，如果不赶紧堵住决口，京城也会受到洪水的威胁。这件事本不是程颢的分内工作，但因程颢心系百姓，关心京城的安危，所以程颢骑马赶到一百多里之外的河桥，对主管官员刘公涣说："曹村的决口如果不赶紧处理好，就会给京城带来灭顶之灾。作为臣子，我们应当为国分忧。我请求大人派我带人去堵塞决口。"在程颢的指挥下，经过当地百姓夜以继日的努力，终于把决口堵住了。听到这个消息，京城的官员和百姓都异常兴奋。可见，程颢是个将心比心、果断勇敢的官吏。

（二）铁案如山

在担任县令期间，程颢展现了他的聪明睿智和断案才能，干净利落地审理了几个案件。

在中了进士之后，程颢来到风光秀丽的陕西户县（今陕西省西安市鄠邑区）做了主簿。当时，有个名叫王二的人积攒了很多财产，还盖起了一座漂亮的新宅院，而他的弟弟王三不仅经济拮据，还居无定所。王二就让弟弟借住在自家的老宅子里。在王二得急病去世之后，王三暗地里在宅子里面四处挖掘，希望侥幸发现埋藏的财宝。没想到，真被王三挖出了埋藏的钱币。王二的儿子知道后，客客气气地找到王三说："三叔，这是我父亲埋藏的钱财。您应该把它还给我家。"谁知道，王三拒绝归还。侄儿生气地来到县衙，状告三叔霸占财产。

听完原告和被告的陈述之后，看到县令在为如何处理此案而挠头，程颢就自告奋勇，请求代为审理此案。他命令衙役将挖出的陶罐原封不动地带到大堂，又拿起几枚钱币认真观察。接下来，他先询问原告说："令尊的钱财是何时埋藏的？王三借住你家房子多久了？"侄子回答说："主簿大人，钱财是先父在三十多年前埋藏的。三叔借住我家房屋有二十年了。"他又问被告说："你什么时候埋藏的这些钱财呢？"王三回答说："十八年前。"程颢说："王三，挖出来的这些钱是四十年前流行的。按照你的说法，二十年前这些钱已经不再流行了。现在，官府铸造的钱币五六年间就通行天下了。即使要储存钱币，你家也不可能使用二十年前的旧钱啊。这些钱怎么可能是你的呢？"王三一听，马上就认罪了。看到叔叔认了错，侄儿也可怜叔叔，就放弃了追回钱财的要求。看到事情得到了圆满解决，程颢非常高兴。县里的百姓听说后，纷纷赞颂他明察秋毫。县令也为有这样一个好下属而高兴。

在担任晋城县令时，程颢成功地处理了一起讹诈案。当时，有个姓张的富翁去世了。在办完丧事之后，他的儿子张强依然心情悲痛。又过了几天，有个头发花白的老头来到张家，对张强说："我是你的亲生父亲。你现在发财了，可不能忘本啊。"张强感觉莫名其妙，就把老头赶了出去。老头愤愤不平地来到县衙，请求县令替自己主持公道。在升堂后，程县令要求原告和被告依次陈述自己的诉求。老头说："我是个游医，年轻时经常外出给人看病。后来，妻子生下了一个儿子。因为家贫无法养育，我就把他送给了张家。"程颢问道："你有什么证据？"老头拿出来一张字据，上面写着："某年某月某日，把儿子抱给了张三翁家。"程颢看完之后，马上就知道了事情的原委。

程颢问张强说："张强，你今年多大了。令尊在去世时享年多少岁啊？"张强恭恭敬敬地说："大人，草民今年三十六。先父是在七十六岁时故去的。"他又问老头说："老人家，你的字据是真的吧？"老头回答说："不错。"程颢把惊堂木一拍，严厉地说："原告，你可知罪？"老头强作镇静，说："大人，小民不知身犯何罪？"程颢说："假定你所言不虚。按照年龄推算，当时张父年仅四十，怎么会有人称呼他为老翁呢？可是，你所呈交的字据上面却称呼他为老翁？你在撒谎！"老头一看事情败露了，就赶忙跪倒认罪。围观的民众异常痛恨老头的荒唐举动，纷纷为程颢的思维清晰、多谋善断而拍手称快。后来，上面这两个案子被南宋人郑克当作了判案的样板，编入了《折狱龟鉴》一书中，供后世的官员效法。

在担任户县主簿时，程颢还曾经揭穿了一个骗局。当时，在户县的南山上，有座香火鼎盛的寺庙。据说，庙里的石佛头会放光。每当石佛放光的时候，四里八乡的百姓就聚在一起观看。由于人潮汹涌，加上鱼龙混杂，所以发生了几起良家妇女被强奸的案件。纵然如此，前往观看的人群依然趋之若鹜。县令感觉很头疼，就找来程颢商量对策。听完情况介绍后，程颢主动请缨，打算负责处理此事。在他看来，除非和尚作假，否则，石佛肯定不会自己放光。于是，他就命人把庙里的和尚叫来询问。和尚继续撒谎，坚持说石佛头确实会放光。程颢说："因为政务繁忙，本官无法亲临观看。等到下次石佛头再放光时，请你们把它拿来给我瞧瞧。"和尚知道无法再欺骗他，就主动承认了自己的错误。原来，佛头的中间是空的。所谓"放光"，实际上是庙里的小和尚在佛头里面放了蜡烛。从此，佛头放光的真相水落石出，围观的人群也就一哄而散了。

后来，程颢又来到江宁府的上元县担任主簿。在该县境内的茅山上面有一座水池名叫龙池，里面出产一种形似五色蜥蜴的动物，当地人把这种动物称作龙。到了宋真宗祥符年间，朝廷曾经派太监到茅山龙池捉了两条回去。结果，在回京的路上，由于看管不严，有一条逃跑了。太监担心皇帝责罚，就编了一个谎话，说是龙腾空而起，不知所踪。皇帝听说后，也感到很惊奇。结果，民间把这件事越传越玄，渐渐地把茅山之龙尊奉为神。程颢到任后，派人捕捉了几条茅山之龙，并且当众将其杀死做成肉脯来吃。在场的百姓都很害怕，生怕龙会惩罚自己。结果，程颢毫发无伤。从此，人们也便不再迷信神龙了。由此可见，程颢是个不随波逐流、勇猛果敢、从不迷信的人。

（三）恪尽职守

"疾风知劲草，国难显忠臣。"面对突发情况，程颢总能够不计个人得失，迅速妥善地加以处理。

有一年夏天，上元县的陂塘的堤坝决口了，塘水大量流失，县令被罢官，程颢担任代理县令。如果放任不管，水稻的灌溉就会受影响，但要想堵塞决口，官府就需调动上千名民工。按照宋代的政治制度，县官无权审批耗费大量人力物力的工程，必须先禀报江宁知府，再由江宁知府报请漕司批准，最后由漕司来分配民工和材料。如果墨守成规，批文最快也得一个月才能下来。可是，灾情刻不容缓，陂塘的蓄水量日趋减少。若是不懂变通，陂塘之水就会流失殆尽，水稻也会全部枯死了。

为了救民于水火之中，程颢当机立断，调集民工来堵塞决口。有人担心上级会怪罪，规劝他小心行事。他说："事情紧急，刻不容缓。作为县令，不能缩手缩脚，应该当机立断。假若因为救助灾情而获罪，那么我也会坦然接受"。于是，他一面逐级上报灾情，一面调动民工堵塞决口。由于处置得当，上元境内的陂塘的蓄水并未流失过多。可是，邻县的蓄水却几乎流失殆尽。当年秋天，上元的水稻获得了大丰收，邻县的民众却几乎颗粒无收。两相比较，上元民众都赞颂程颢的当机立断。由此可见，程颢是个因时制宜、当机立断的官员。

江宁地处南北水路的交通要塞，是漕运的重要节点。按照当时的制度设计，从事漕运工作的舟卒生病后，往往会滞留在江宁医治。为此，江宁府特地建造了医治生病的舟卒的驿站。按说，有了驿站的照料，生病的舟卒都应很快康复，可是不知何故，这些舟卒的死亡率很高。程颢很同情病卒的遭遇，也想弄清楚他们死亡的真正原因。于是，他进行了深入细致的实地调查。调查的结果让他深感痛心，原来死亡的病卒大都是因为吃不上饭而活活饿死的。病卒来到驿站后必须由漕司发给凭证才能吃上饭。但审批的手续繁琐耗时，等粮食批下来，病卒往往已经饿了好几天。病卒本就身体虚弱，再饿上几天，怎么能够活命呢？

为了解决这一问题，程颢亲自赶赴漕司衙门，诚恳地向转运使反映情况。他建议，由江宁府预先在驿站中储藏大米。等到病卒一到，马上就给他们分配粮食，让他们能够吃饱饭。等到年底，江宁府再向漕司衙门核销粮食。这样一来，不但可以减少病卒的死亡率，而且可以让他们尽快痊愈。由于程颢的建议完全出于公心，漕司衙门采纳了这一建议，要求江宁府在发放粮食时做好账目登记工作。此后，病卒的死亡率大大降低。由此可见，程颢是个随机应变、勇于担当的官吏。

在担任扶沟县令时，程颢亲自主持水利建设。当时，扶沟闹了旱灾，民不聊生，程颢请求上司开仓赈灾。可是，上司却置之不理。程颢就不断地写信请求。最后，上司被逼无奈，只好拨了六千石粮食用来赈济灾民。没想到，主管全国钱粮事务的官员勃然大怒，打算杖责负责发放粮食的小吏。程颢坚持说自己是这件事的主谋，如果要杖责，那么也是自己应该先受罚。由于程颢并无过错，杖责他不合规矩。因此，主管官员只得作罢，不再谈及惩罚之事。

在扶沟做官期间，程颢还展现了自己刚正不阿的性格特点。当时，有个名叫王中正的内侍，深得皇帝宠信。王中正奉了皇帝的旨意到各处视察，检查保甲的实施情况。各地官员都竭力奉承他，纷纷给他添置簇新的蚊帐，希望他能够在皇帝面前替自己美言几句。在大家热情地簇拥和精心地招待下，王中正也感到自己很有面子。

有一天，王中正通知扶沟县要来检查工作。扶沟县的官吏不知道该怎么接待他，就请示程颢。程颢说："咱们扶沟县是个穷地方，怎么能像别的地方一样铺张浪费呢。另外，耗费民脂民膏来谄媚上级，也是不义之举。咱们还有一顶旧帐子，拿给他使用即可，不需再买。"听说此事后，王中正就改变行程、避开了扶沟县。可见，程颢是个刚正不阿、不畏权贵的官员。

13

（四）英年早逝

公元1085年，程颢去世，享年54岁。当年十月，程颐将哥哥的灵柩运回伊川祖茔安葬。在程颢去世后，二程的徒弟吕大临写了哀辞来悼念自己的恩师。文彦博在给程颢题写墓碑时，用"明道先生"来称呼他。后来，人们就把"明道先生"作为程颢的尊称。为了记述程颢的生平和思想，程颐写了名为《明道先生行状》的文章。

在文章中，程颐写道："在周公死后，儒家的圣人之道就失传了。在孟轲死后，孔子的学问就失传了。儒家学问的失传，对于文化来说是一大憾事，对于国家治理而言也是一大缺憾。在1400年之后，家兄程颢从儒家典籍中发现了儒家学问的真谛。可是，天妒英才。没等到他将自己的学问广泛传播就英年早逝了。虽然他的肉体消失了，可是他的才学和英名却会亘古长存。"在当时，人们都认为程颐对程颢的评价恰如其分，并无过誉之词。在程颢去世后，程颐发展和完善了他的思想。

二、程门立雪

说起来，程门立雪是我国妇孺皆知的成语。可是，人们往往不知道这个故事中的程指的便是程颐，宋代的大思

一日见颐，颐偶瞑坐，时与游酢侍立不去，颐既觉，则门外雪深一尺矣。德望日重，四方之士不远千里从之游，号曰龟山先生。

程门立雪

想家。此外，程颐的性格有无变化，是否一直是个严厉的人呢？从下面这些故事中，我们可以略知一二。

（一）师道尊严

在生活中，程颐往往给人留下一副端庄严肃、不苟言笑的印象。从下面这两件事情上便可见一斑。

据说，有一年冬天，天气非常寒冷。当时，程颐在伊皋书院中讲学。有一天，天上飘着洁白的雪花。游酢和杨时冒着严寒，去拜访恩师。等到他们踏进书院的大门时，雪只在地上铺了薄薄的一层。听门人说程颐正在屋子里面午休。门人见有客来访便打算去叫醒先生。可是，杨时拦住他说："先生已经50多岁了，让他好好休息，不要去打扰他。我们就在屋里站着等一会吧。"听完杨时的话，门人也觉得有道理，就自行回屋去了。于是，两人就恭恭敬敬地站着，耐心地等待先生醒来。过了许久，天色已近黄昏，程颐醒了过来。这时，院子里的雪已经有一尺多深了。

看到游酢和杨时来看自己，程颐便请两人就座，并与其倾心交谈。他了解到游酢已经做了博士，杨时也做了知县。得知两人在做官后还勤奋好学，他非常高兴地对门人说："赶快给二位先生安排食宿。明天你们一块学习。"在向先生道谢后，杨时和游酢就去休息了。后来，人们就用程门立雪来指学生尊师重教、诚恳求学。

从生活琐事中，我们也能看出程颐的严厉。比如在讲学时，如果程颐不同意学生的观点，会毫不客气地说："你的观点不对。"若是程颢碰到同样的情况，却会和蔼地说："你的观点值得商量。"有一次，程颢和程颐带着学生陪父亲住在汉州的一座寺庙里。进门后，程颢从右边的路往法堂走，程颐从左边的路向法堂走。学生们都跟在程颢的后面，程颐的后面一个人也没有。在进入法堂之后，程颐感叹说："这就是兄长比我强的地方啊。"原来，学生们都喜欢平易近人的程颢，也都害怕有些严厉的程颐。

到了50多岁的时候，在司马光、文彦博和吕公著等人的推荐下，程颐被任命为侍讲，负责给年幼的宋哲宗讲解经书。对于这个机会，程颐很是看重，假若第二天要给皇帝讲课，他便会在前一天晚上沐浴更衣，以示郑重。有一次，在给宋哲宗讲解经书时，程颐讲得很认真，而年幼的哲宗却听得有点不耐烦，他忽然站起身来去折了一根柳条来玩。程颐马上板起面孔来教训哲宗，说："现在是春天，万物都在生长。柳树也是有生命的，折断柳枝会影响它的生长。"虽然程颐的话很有道理，可是，年幼不懂事的哲宗却因此开始讨厌程颐。

　　按照宋代的惯例，到了天气炎热的夏季，皇帝可以避暑，不用读经。可是，程颐却担心皇帝荒废学业。于是，他再三上书，希望皇帝能够在宫内选择凉快的地方继续读经。另外，程颐认为，皇帝应该尊师重道，要求坐着讲。有些朝臣觉得，讲官坐着讲，对皇帝不够尊重。程颐对此类观点进行了驳斥。在他看来，如果讲官站着讲，坐着听的皇帝就会轻视老师和儒学。在讲解经书时，他态度诚恳、要求严格。所以哲宗一见到他，心里就感到害怕。

　　乍看起来，程颐的做法可能有些书生意气，实际上却是用心良苦的，他希望通过培养好皇帝来实行仁政，并最终实现儒家的社会理想。

　　（二）诲人不倦

　　虽然程颐对人态度严厉，可是，他却是一个认真负责的老师。在治学方面，他非常严谨。

　　公元1082年，程颐给担任西京留守一职的文彦博写了一封求助信。信中说到，他和程颢打算找个地方讲学。当时，在洛阳城南二十里处的龙门山上，有座废弃许久的寺庙名叫胜善上方寺。程颐希望文彦博帮助自己，将寺庙变废为宝，作为自己讲学、避暑和著书的地方。他认为，如果文彦博能够玉成此事，不但有利于儒学传播，而且可以为龙门山添加一些人文景观。收到来信之后，文彦博高兴地写了一封回信。信中说："您是名闻天下、桃李众多的大学者，废弃的古寺不适合您。我在鸣皋县有一座旧宅，还有良田一百五十亩。小小宅院不值得作价，就拿这封信作为我将它馈赠给您的凭证吧。您可以在此建设书院，教书收徒。"收到回信之后，程颐兴奋地带领学生着手建造书院。

经过工匠们的辛勤劳作，书院终于落成了。在书院大门上方，悬挂有程颐亲笔书写的"伊皋书院"牌匾。据说，当时的书院有正房五间，专供讲学之用。东西厢房各有三间，是二程弟子居住的地方。此外，在书院里，还有贮藏图书的稽古阁。到了晚年，程颐隐居在今天的河南省嵩县鸣皋镇的程村。虽然年事已高，可是他仍然在书院中讲学不辍。由此可见，程颐是个无私忘我、诲人不倦的好老师。

小专题 1

伊川书院

在宋室南迁之后，伊皋书院就被废弃了。公元1306年，武将克列士希驻守鸣皋镇，在拜读《伊川易传》和《二程遗书》之后，对二程的学问深感佩服，就到伊皋书院旧址察看。没想到，书院已经荒废许久，只有残垣断壁依旧孤寂地挺立着。他感到非常难过，就下定决心要重建 19

伊皋书院。在筹措资金的过程中，他克服了许多困难，终于凑齐了资金。此后，他带领建筑工人花了十年时间，终于将伊皋书院复建完毕。后来，他的儿子又重建了稽古阁，并搜集了上万本图书。听到父子二人重建书院、传播儒学的壮举后，元仁宗深受感动，下旨将书院改名为伊川书院。

有一天，已经65岁的程颐正在伊皋书院里面讲学。忽然，河南知府李清臣带着人马冲了进来，要求程颐迎接圣旨。程颐赶紧来到院子里。李清臣取出诏书，清清嗓子，大声地念道："程颐与司马光臭味相投，在担任侍讲期间，目中无人，对皇帝不够尊重。着河南知府尽快递解至涪陵编管。伊皋书院即日起查封，弟子遣散。"听完之后，程颐赶紧谢恩，并接了圣旨。看着被贴上封条的书院和被摘下的"伊皋书院"匾额，程颐感到很悲伤，弟子们也都很难过。

过了几天，在孙子程昂的陪同下，程颐被两名士兵押送着离开了家门。经过几十天的艰辛跋涉，一行人终于来到了涪陵城。涪陵知府知道程颐是当今圣上的老师，就和蔼地询问说："程先生，此处天高皇帝远，远离政治斗争。您可以安心住下。如果您有什么要求，我可以尽力满足您。"程颐感激地说: "草民别无所愿,只希望您能够准许我寻找一处安静的地方,抓紧时间整理毕生所学。"知府同意了他的请求。正在程颐发愁没有向导的时候,几年前曾拜他为师的谯定前来探望他。

第二年春天,在谯定的陪同下,程颐来到了黄旗山北山坪南麓。此处风景宜人、环境清幽,岩壁上还有一些摩崖石刻。经过仔细考察,他选中了一处名叫北岩的地方。附近还有一座普静禅院,寺里的和尚也热情好客。于是,他就在北岩上面的一座石窟中住了下来。谯定经常来看望恩师,当地的儒生也经常来向程颐请教学问。之后,程颐悉心整理平生所学,终于写成了《伊川易传》。又过了两年,宋哲宗驾崩了。在继承大统之后,宋徽宗赦免了程颐,程颐终于得以返回中原。

小专题 2

周 易

《周易》是一部卜筮之书。孔子及其后学注解了《周易》,促成了《易传》的出现。至此,《周易》就变成了由经文和传文组成的哲理之书。后来,由于不同的哲学家在继承《周易》经传时的侧重点不同,象数和义理两大流派也就逐渐形成了。在汉代,象数易学得到了大发展。在魏晋时期，王弼开创了义理易学。到了宋代，象数易学和义理易学都得到了发展。程颐继承了王弼的解易思路，将毕生所学都融入了易学，花了毕生精力终于撰成了《易传》。为了区别于孔子所注解的《易传》，后人就把程颐写作的《易传》称作《伊川易传》《周易程氏传》等。

公元1107年，程颐患了风痹症。当时，他已经七十四岁了。虽然也在吃药，但病情未见好转。到了这年九月，医生告诉程家人说："程老先生的病情比以往更加严重了。你们可以准备后事了。"到了九月十六，尹焞来看望先生。程颐坐在床上，披着白色夹被，高兴地向尹焞作揖问候。尹焞以为先生的病好了，很高兴。程颐却说："这是回光返照。我感觉自己的身体比前段时间更差了。"听完老师的话，尹焞感到很担忧，就嘱咐先生好好休息，不要多想。

程颐感觉自己已经油尽灯枯，就颤颤巍巍地从箱子里拿出来两本书。尹焞一看，原来是恩师撰写的《伊川易传》，他不由得想起以前恩师向自己传授易学的情形来。原来，在《伊川易传》写成之后，学生们多次请求先生传授给自己。程颐却并未同意，说："我自己感觉精力还可以，希望能够再做些修改。"作为程颐的得意弟子，尹焞完全能够理解先生的苦心，先生之所以不愿轻易将自己呕心沥血撰成的《伊川易传》传给学生，主要是因为担心被居心不良的人告发。当时，朝廷下了命令，要将先生的著述全部销毁。先生冒险将《伊川易传》抄录数本，并珍藏起来。现在，先生已经生命垂危，才把《伊川易传》传给了自己和张绎。想到此处，尹焞非常敬佩先生的严谨。

由于尹焞的母亲也得了重病，他不得不回家照顾她。他深知《伊川易传》是恩师学问的精粹，下定决心不管再难，也要把先生开创的洛学传承下去。到了十七日，程家人来向尹焞报丧，程颐已经离开人世了。在程颐死后，他被埋葬在河南省伊川县的祖茔中。由于当时洛学备受打击，大多数门人怕受到牵连，不敢前来送葬。下葬时，二程的弟子中只有尹焞、张绎等寥寥数人在场。

三、吾道南矣

因为程颢和程颐长期在洛阳讲学，所以他们创立的学派也被称为洛学。在二程生前，洛学备受打压，二程死后，洛学却受到了推崇。到了南宋，朱熹将洛学加以继承和发扬，变成了影响宋元明清四代的程朱理学。公元1220年，宋宁宗赐谥程颢为"纯公"，程颐为"正公"。后来，宋理宗又

23

封程颢为河南伯，封程颐为伊阳伯。到了元代，元文宗又分别将程颢和程颐加封为豫国公和洛国公。为了纪念二程，湖北黄陂、河南洛阳、河南嵩县等地都建有二程祠。由于战火的摧残，有些二程祠被毁了。今天，在河南嵩县田湖镇的程村还留存有两程故里石坊和二程祠。

（一）倍加推崇

通过创立理学，二程对儒学的发展起到了推陈出新的作用。二程死后，人们对他们倍加推崇。为了纪念二程，很多地方都修建了二程祠。例如，嵩县二程祠始建于明代。公元1450年，明代宗下诏将程颐的故居修缮成两程故里。五年后，明英宗又下令给二程修建了祠堂。公元1462年，明英宗下诏要求参照颜子、孟子的规格来建设两程故里石坊。石坊上书"圣旨"，下书"两程故里"，这是当地的重要人文景观。根据历史记载，二程祠原有五进院落，但只有棂星门、诚敬门、道学堂三进院落留存至今。在棂星门旁两边的墙壁上分别镌刻着四个大字，左边为"学贯濂溪"，右边为"道接子舆"。

道学堂是祭祀二程的正殿。进入道学堂，首先映入眼帘的就是高高耸立的二程的塑像和牌位。有趣的是，

在二程塑像中，程颢是黑头发黑胡须，程颐是白发白

须。原因是程颢是"生而知之",又是英年早逝,所以是黑发黑须。程颐是"学而知之",又享年75岁,自然是白发白须。大殿上还悬挂着朝廷颁赐的几块牌匾,分别是宋理宗敕封的"理学亢宗"、康熙钦赐的"学达性天"、光绪皇帝御书的"伊洛渊源"和慈禧太后书写的"希踪颜孟"。

(二)慧眼识珠

在嵩县二程祠里,有块名为二程弟子碑的石碑,上面收录了二程弟子中有名姓可考的88人。其中,杨时、谢良佐、尹焞、张绎等人都是其中的佼佼者。接下来,我们先来介绍对洛学南传起到重要作用的杨时。杨时之所以能够成为理学名家,与程颢的慧眼识珠是密不可分的。

杨时年轻时曾向程颢拜师学习。程颢发现,杨时聪明好学,就将平生所学倾囊而授。在学成归去之时,杨时向程颢辞行。程颢依依不舍地目送他远去,又对身边的学生说:"吾道南矣",意思是杨时会将洛学传播到南方去。杨时回家后,积极传播洛学。公元1093年,杨时已经40多岁且做了高官,他毅然抛弃高官厚禄,前往河南,向程颢的弟弟程颐学习。通过向二程的学习,杨时终于领悟了洛学的要义。后来,杨时在中国东南地区积极传播洛学,为

25

理学的传播做出了积极贡献。

为了纪念杨时的贡献，后人把杨时称为"道南第一人"。杨时的后裔也以此为傲，把自家的祠堂取名"道南祠"，把自家的堂号称为"立雪堂"，并以"道南衍派"自称。

（三）重义轻利

再来看尹焞。与杨时相似，尹焞也在年轻时就跟随程颐学习。值得一提的是，为了维护师门尊严，他宁可放弃科举考试。他去参加科举考试时，打开试卷一看，发现考试的题目是批评元祐党人，程颐也被列入元祐奸党名录中，尹焞看完考题后大为光火，大声说："君子怎么可以为了高官厚禄背弃师门呢？"于是，他毅然决然地放弃了考试，从此再也没有参加科举考试。

在评价曾子时，孔子曾经用了"愚鲁"二字。与孔圣人相似，程颐也曾经用"鲁"来评价尹焞，认为他可以终身坚持传播洛学，事情的发展正如程颐预计的那样。在恩师去世后，尹焞仍然坚持传播洛学。在靖康之难后，他辗转来到了涪陵，并在当地积极宣扬洛学。尹焞可以说是重义轻利、坚持真理的模范。

总之，二程都是满腹经纶、诲人不倦的人。在官场上，他们都是"上交不谄，下交不渎"的人。在二程弟子及其后学的推动下，理学的影响不断扩大，并最终成为宋元明清四代儒学的主流派别。

第二章

同源异流

「切脉最可体仁。」

在讲学时，程颢对学生说："吾学虽有所受,天理二字却是体贴出来。"说起天理的体贴，还有一个有趣的故事呢！

有一次，程颢生了病，迁延几日尚未见好。正在这时，谢良佐来看他。一看他病恹恹的，谢良佐就关切地说："先生，我粗通医术，斗胆想给您瞧瞧病势？不知道您意下如何？"程颢说："显道，那就麻烦你了。"显道是谢良佐的字，古人常常用字来尊称别人。经过认真地切脉和仔细诊断，谢良佐说："先生，您只是受凉了，并无大碍。刚才我在号脉时，发现您的脉搏跳动很是强劲有力。"听完之后，程颢先对谢良佐表示感谢，又不无感慨地说："脉搏的跳动既表现了人生命力的旺盛，又体现了天理的存在。在大自然中，万事万物都展现出盎然生机和旺盛的生命力，都彰显了天地的仁德啊。仁和天理是一回事啊。因此，切脉最可体仁。"

程颢说："万物皆有理，顺之则易，逆之则难，各循其理，何劳于己力哉？"所以，我们可以用"同源异流"这个成语来理解万物之中的天理与作为整体的那个天理之间的关系。所谓"同源"，意思是说万物之中的天理都来源于作为万物根据的那个天理；而"异流"则是说天理在万物之中的具体表现各有不同。

正是以天理为基础，程颢才创立了自己的理学体系。程颐认同兄长的思想，并与其一起开创了在中国历史上影响深远的理学。二程的理学思想包括对天理的理解、对人性的理解、道德修养和人生境界等内容。下面我们先来探讨二程对天理的理解，了解天理和气在事物产生和发展中分别发挥了什么样的作用。

一、何为天理

二程认为，万事万物之中都有天理。那么，何为天理呢？在二程看来，天理具有丰富的内涵。简单来说，它具有三层意思，即万事万物背后的根据、道德的依据和自然规律。下面，我们依次来加以探讨。

（一）无处不有

在大自然中，天理是无处不在的。比如，因为水中有天理，所以当你用手接触河水时，会有清凉的感觉。因为火中有天理，所以当你坐在火堆旁边烤火的时候，会有浑身暖洋洋的感觉。在牛马身上，天理就表现为它们的特性。牛的负重能力较强，却行动缓慢。与牛不同，马的

31

负重能力较弱，却有较快的奔跑速度。在了解牛马的特性后，人们就可以顺应它们的特点来做出最优选择。因此，人们喜欢用牛来负重、耕田，用马来拉车、骑乘，《周易》里也才会有"服牛乘马"的说法。

因此，牛马的不同特点就是天理在它们上面的具体表现。进而，万物之中的天理都是天理在具体事物上面的落实，而天理则是万事万物背后的根据。总之，天理是世间万物背后的根据，是放之四海而皆准的，这是天理的第一层意思。在大自然中，天理不仅表现为事物的特性，还表现为自然规律。

小专题 3

天理

在中国古代，"天"具有自然之天、主宰之天、义理之天等含义，而"理"具有规律等意思。"天理"二字最早见于《庄子》一书中，意思是天道运行的自然规律。到了宋代，邵雍、张载等人也使用过"天理"二字。可是，邵、张都没有把天理作为自己哲学的最高范畴。只有程颢和程颐，第一次把天理看作是自己哲学的最高范畴。此后，天理就具有了万物背后的根据、道德的依据和自然规律等含义。

（二）自然规津

自然规律是天理的第二层意思。例如，水往低处流就是自然规律，我们经常把这样的自然规律称为道理。

有一次，程颢说："做人要学会顺应天理的要求，做事要懂得因势利导。"有个学生说："先生，您能举例说明一下吗？"程颢说："大禹就是个懂得因势利导的人。"接下来，他给学生讲了大禹治水的故事。

在很久以前，中华大地上爆发了大洪水，人们的生产、生活都受到了严重影响。当时，尧是统治天下的部落首领。尧听说鲧会治水，就任命他全权负责此事。鲧带领工人筑起高堤，希望能够封堵水流。可是，洪水并未得到根治，反而经常把大堤冲开口子。结果，人们的生活仍然受洪水危害，没法安定下来。时间长了，很多人都对鲧产生了不满。因此，尧就把鲧处死了，又任命鲧的儿子——禹来治水。

大禹认为，堵不如疏。仅靠封堵是无法治理水患的。只有开辟一条把水引向大海的道路，才能根治水患。于是，他带领徒弟四处查看地形，又带领民工根据各地的地势凿开阻断大水去路的山体。经过十多年的努力，大禹终于给大水开辟出一条东流入海的通道。在这些年里，他"三过家门而不入"，终于根治了水患。

在叙述完大禹治水的故事后，程颐感慨地说："大禹治水之所以能够成功，就是因为他懂得顺应水往低处流的道理。道理也是天理的表现方式。"

有一次，在讲学时，有个学生对此不大理解天理为何具有自然规律的意思，就恭恭敬敬地向程颐请教。程颐回答说："天理云者，这一个道理，更有甚穷已？不为尧存，不为桀亡。"意思是说，天理是亘古长存的，它的存在和发挥作用是不以人的意志为转移的。他又说："天理在万物之中都有表现。钻木取火之所以能够成功，就是因为木头之中有天理。两块木头相互摩擦，就会产生热量。不只是木头，就是用两块石头相互摩擦，也能产生火花。"程颐说得没错。当温度达到木头的燃点之后，它就会燃烧起来。木头具有燃点，就是天理在它上面的具体表现。如果我们懂得钻木取火的道理，就能在野营时生火做饭、取暖。总之，天理的第二层意思也可以称为道理。

既然天理包含自然规律的意思，那么我们就要实事求是地认识世界。如果我们能够顺应自然规律做事，就可以在生产和生活中更加得心应手。

（三）价值依据

34

在道德背后，也有天理。如果一个人做了丧尽天良的事情，人们就会说他伤天害理。在程颐看来，唐代明君李世民的行为应该批评，周成王对周公的赏赐也欠妥。

在唐高祖李渊登基之后，长子李建成被定为太子，次子李世民被封为秦王，四子李元吉被封为齐王。李元吉支持太子。此时，李世民手握兵权，手下还有精兵强将。因此，李建成和李元吉把李世民视为眼中钉、肉中刺，希望能够不动声色地把兵权夺过来。可是，李世民也不是任人欺凌之辈。俗话说："手心手背都是肉。"李渊担心几个儿子会手足相残，却没能想出解决办法。公元626年，李世民发动了玄武门之变，带人将李建成和李元吉全部杀死，还霸占了他们的夫人和家产。李渊得知此事后，很快传旨将秦王封为太子。过了几个月，李渊又将皇位传给了太子。

对于李世民杀兄夺位的暴行，程颐非常痛恨。他说："李世民帮助其父夺取天下，只是一个大功臣。战功和太子之位是两码事。既然古人定下了立长不立幼的规矩，他就应遵守，不能居功自傲。他不顾手足之情，杀死太子，逼迫父亲，实在是不应该啊。唐代三纲不正、君臣父子之礼的混乱就是由他开启的啊。"相对而言，李渊对平阳公主的安排则比较得当。虽然平阳公主战功卓著，可是李渊并未对她有过分的赏赐。在她死后，李渊赏赐了一套只有男子才能使用的鼓吹。程颐不仅对李世民很不满意，对周成王赐周公天子之礼乐也不赞同。

在周武王去世之后，周成王年仅七岁。周武王的弟弟姬旦做了摄政王，帮助成王处理朝政。为了纪念他的功绩，后世尊他为周公。在担任摄政王的七年时间里，周公勤勤恳恳地处理政事，不仅营建了洛阳城，还平定了管蔡之乱。提到周公的功劳，百官和百姓都对他很佩服，周成王对周公这个叔叔也很感激。在周公死后，周成王很是哀伤。他心想："既然叔叔做了一般臣子无法企及的功绩，那么我要赏赐给他臣子不能用的天子礼乐。"于是，他下令只有把天子才能用的礼乐赏赐给周公。周公的儿子伯禽接到周天子的旨意，非常激动，赶忙谢恩。在历史上，这件事被传为美谈。

对于成王对周公的赏赐，王安石评价说："周公有人臣不能为之功，故得用人臣所不得之礼。"程颐批评了王安石的观点，说道："人臣安得用天子之礼乐哉？成王之赐，伯禽之受，皆不能无过。"作为臣子，周公即使做出再大的政绩，也是应该的。在历史上，曾子在孝顺父母方面几乎做到了极致。可是，孟子认为曾子只是做了为人子女的本分。显然，程颐赞同孟子的观点。程颐认为，周成王的赏赐和伯禽的接受都违背了天理的要求。

可见，天理的第三层意思是人类社会道德背后的价值依据。二程说："父子君臣，天下之定理，无所逃于天地之间。"意思是说，父子之礼、君臣之礼是每个人无法逃避的道德义务。程颐说："君尊臣卑，天下之常理也。"在程颐看来，皇帝的存在是有必要的，大臣应该尊重皇权。与此同时，他又指出，按照天理的要求，君主要做明君，臣子要做忠臣；父亲要做慈父，儿子要做孝子。因此，二程既要求人们敬重皇帝、孝敬父母，又要求皇帝关爱民众，父母关心子女。在二程看来，在日常的洒扫应对之中，我们也要踏实认真、诚实守信。

在论述天理的重要性时，程颢和程颐一方面对汉代儒家学者的文献整理工作做了肯定，另一方面又对汉儒提出了批评。在秦始皇焚书坑儒之后，儒家的传承受到了很大影响。到了汉代，儒家学者做了很多文献整理的工作。例如，在注解和传授《诗经》方面，毛苌做出了巨大的成绩。董仲舒提出了"罢黜百家，独尊儒术"的建议，对儒家的发展做出了重要贡献。在肯定了汉代儒家学者的历史贡献后，二程又对他们的不足提出了批评。在讲学时，二程多次对汉儒字斟句酌、章句注疏的治学路数提出了批评。程颐说："汉之经术安用？只是以章句训诂为事。且如解尧典二字，至三万余言，是不知要也。"在程颐看来，如果一个人沉溺于章句训诂，就无法了解儒学的真谛。他们认为，虽然汉儒懂得儒家的道德，却不了解天理是儒家道德背后的根据。只有跳出汉学的窠臼，才能知晓儒家经典背后的微言大义，才能发现天理的价值。在对汉儒进行批判继承的基础上，程颢和程颐巩固了自己所创立的天理论。

二、生生不息

《周易·系辞下》云："天地之大德曰生"，意思是说，生生不息是天地的德行。唐代诗人白居易曾经写过"野火烧不尽，春风吹又生"的诗句。这两句诗形象地描绘了小草旺盛的生命力。在大自然中，很多事物都和小草一样，具有旺盛的生命力。在二程之前，儒家学者已经对此做了观察和思考。二程继承了前人的思想，进一步揭示了事物之所以能够生生不息的内在原因。

（一）处处留心皆学问

北宋时期，很多学者都喜欢观察和深入思考。据说，周敦颐书房的窗台上长满了绿油油的青草。有人劝他说："窗台长满草，显得不太整洁。请您尽快派人把它割了吧。"周敦颐乐呵呵地说："没事。我喜欢观赏窗台上面的绿草，感受大自然的盎然生意。"在他看来，小草也是生命，人们不能随意戕害它。从周敦颐的行为中，我们可以看出他对大自然的关爱。

与周敦颐不同，张载喜欢观看驴子鸣叫。有一天傍晚，张载家的一头毛驴拉着车回到了家中。农夫把驴子身上的笼套卸下来，又牵着它去喝水。接着，它被拉进了驴圈，开始享用精细的草料。站在一边，张载饶有兴致地看着这一切。在吃饱喝足之后，驴子忽然欢快地鸣叫起来。看到此处，张载不禁高兴得哈哈大笑。从驴的叫声中，他感受到了它的生机勃勃，体会到了天理。他不但喜欢观察驴子，而且乐于对生活中的小事上进行观察和思考。有一次，在上朝时，听说皇妃给皇帝生了个小皇子，他感到非常高兴。没想到，在回家的路上，他看到路边有倒毙的饿殍，心里不由得感到万分难过。在吃晚饭时，他还是没有缓过劲来，感觉饭菜寡然无味。张载就是这么一个有爱心的人。

作为周敦颐的学生和张载的晚辈，程颢也是个乐于观察和思考的人。有一次，他看到了几只在地上啄米吃的小鸡，就停下脚步认真地观看。学生问他说："先生，几只小鸡有啥好看的？"程颢说："天地产生了万物，又让万物成长、成熟。生生不息就是天地间最大的德行。虽然小鸡看起来特别柔弱，却蕴藏着无限的生机。从小鸡身上，我看到了天地的仁德。"

俗话说："处处留心皆学问。"这句话说得太对了。周敦颐、张载和程颢都值得我们效仿。在生活中，只要您能够认真观察、勤于思考，就能发现我们生活的世界是生生不息的。在二程看来，事物的生生不息，离不开理与气的相互配合。

（二）相互配合

既然事物的产生离不开理和气的相互配合，那么，在事物产生的过程中，理和气分别具体发挥了何种作用呢？

有一次，为了让学生理解万事万物的产生过程，程颐带着学生去看石磨。当时，有人正在赶着毛驴用石磨磨面粉。程颐说："大家看，随着磨扇的转动，磨齿会参差不齐，面粉就被磨出来了。万物的产生过程是和石磨磨面非常相似的。阴阳就像两扇磨一样，是形影不离的。由于阴阳的相互作用，万事万物就产生了，缤纷多彩的大千世界也就出现了。由于阴阳的相互作用具有奇妙的特性，因此世间万物也就千差万别、各具特色了。"有个学生问：

"先生，在阅读《齐物论》时，我发现庄子希望抹平万事万物的差别。刚才您说万物都各有特色。请问，我们应该怎么看待庄子的观点呢？"程颐回答说："庄子的说法是错误的。万事万物都具有自己的特性，他希望抹平万事万物差别的愿望永远也无法实现。"

从上面这个故事中，我们能够看出程颐对庄子的不满。实际上，作为北宋儒家的代表人物，程颐坚持了以仁爱为本的儒家立场，对老子、庄子、墨子和佛家都做出了批评。

小专题4

气

气的概念是由先秦思想家提出来的，具有精气、风气、元气和气数等意义。在中国古代，很多哲学家都认为，天地万物是由气构成的。阴阳二气是气的表现。阴阳二气的相互作用，促成了万事万物的产生，也决定了事物之间的联系和相互影响。在北宋时期，儒家学者大都认为，气的聚集造就了事物的产生、发展，气的消散导致了事物的消亡。只是，对于理和气的关系，不同学者的解读各有特色。

在讲学时，程颐经常对学生说："万事万物的产生都离不开天理。"可是，对于理和气在万物化生中的作用，他却论述不多。有一次，在听课时，吕大临忍不住提问说："先生，请问理和气在万物产生的过程中分别具有什么样的作用？对此，我不大明白。请您给我们讲讲。"听完吕大临的问题，程颐回答说："打个比方来说，要想建设一座房屋，既要有房屋设计图，又要有砖瓦等建筑材料。对于建房来说，理就是设计图纸，气就是砖瓦等建筑材料。正如要想把房屋建起来，图纸和砖瓦都缺一不可，理和气在万物产生中的作用，也是这样的。"

吕大临听完后点了点头，说："先生，我明白了。在万物产生的过程中，理和气都是必不可少的。理是促使万物产生的原因和依据，气使得具体的事物能够产生。由于气禀不同，所以，天理在每一事物中的表现方式各有差异。"听完吕大临的回应，程颐赞许地点了点头。

看来，事物的产生需要理和气的相互配合：理是事物产生的根据，气是事物成就形体的材料。虽然张载和二程都同意事物的产生需要理和气的合作，可是，在理和气谁先谁后、谁主谁从的问题上，双方的观点却大相径庭。

在张载看来，气是世界的本原，是亘古不灭的。从先后关系来看，先有气，后有理。从主从关系来看，气为主，理为从。具体来说，理依附气而存在，理是气的条理、规律。万事万物都是由气化生而成的，事物的产生是由气的聚集而造就的，事物的消亡也是由气的消散造成的。在他看来，虽然具体的事物会有聚散，可是气却是亘古不灭的。

二程不完全同意张载的观点。他们也同意气的聚散引起了事物的产生和消亡，可是，他们不赞同先有气后有理的观点。他们认为，理是万物的本原，是亘古长存的。在理气关系上，论先后，先有理，后有气；论主从，理为主，气为从。因此，就理和气的关系而言，理是最根本的，气是由理产生的，阴阳是气的表现。程颐说："天地之交，则万物何所从而生？"意思是说，天代表阳，地代表阴，万物的化生离不开阴阳交感。他又说："凡物之散，其气遂尽，无复归本原之理。"意思是说，某一事物消亡了，造就它的气也就消散了。造就新事物的不是原来的气，而是新生的气。气的聚散就像日复一日、永不停歇的潮水一样，是自然而然的。

总之，虽然二程对表叔张载非常尊重，也常有书信往来，可是，他们在理气关系方面的观点却与表叔的大不相同。

（三）相辅相成

从传世文献中，我们可以看到，二程兄弟曾经多次去西湖游玩。说起西湖，很多人第一反应就是杭州西湖。实际上，此处所说的西湖是许昌西湖。

许昌的西湖开挖于东汉末年，距今已有近两千年的历史了。此地不仅风景优美，还是个人文荟萃的胜地。在历史上，司马光在此编撰《资治通鉴》，苏轼、苏辙曾经长期在此居住，并修建了听水亭、读书亭、锦花堂等建筑。后来，苏东坡曾经写过名为《许州西湖》的诗歌，诗中有"西湖小雨晴，滟滟春渠长"的诗句。由于许昌离洛阳不远，所以程颢和程颐也曾多次去西湖游玩。

有一次，程颢又带领学生去游览西湖。一路上，他们对迷人的风光赞叹不已。在游玩了一段时间后，程颢感觉有些疲乏，就找了个石坛坐下来休息。没想到，他脚踩的地方很快就冒出水来，鞋也被浸湿了。他抬起脚来，对学生们说："你们看，这就是天地间阴阳升降变化的道理。从阴阳关系来看，干燥代表阳，潮湿代表阴。此处本来是干燥的地方，在我脚踩过后，干燥的地方就变成了潮湿的地方了。这件事告诉我们一个道理，阴和阳是相互对立、相互转化的。"听完他的解释，吕大临问道："先生，虽然您已经做了讲解，可是我还是对阴阳关系有些不大明白，麻烦您再给讲解一下吧。"

程颢说："好吧。"接下来，他对阴阳关系做了详细的解释。首先，阴阳是相互对立的。以太极图为例，白色的部分代表阳，黑点代表阴，说明阳中有阴；黑色的部分代表阴，白点代表阳，说明阴中有阳。其次，阴阳又是唇齿相依的。在阳气旺盛时，阴气就会隐藏起来，等到阳气发展到了顶点，阴气就会逐渐显露，并逐渐占据上风。同样道理，在阴气旺盛时，阳气也会暂时潜藏，等到阴气衰弱了，阳气就会日渐增长。再次，阴阳又是相互转化的。在阴气旺盛时，阳气会衰弱；在阳气旺盛时，阴气又会衰弱。听完程颢的解释，学生们都对阴阳的相伴相生、唇齿相依有了清晰的认识。他们都打心眼里佩服先生的聪明睿智。

程颢不仅善于教育学生，还是个勤于观察、乐于思考的人。有一次，家里的仆人用汤瓶烧水，程颢很用心地在旁边观察。谢良佐不明白烧水有什么好看的，就向先生请教。程颢指着汤瓶说："从汤瓶烧水的小事上面，我们就能够看出阴阳升降的道理啊。"听完程颢的回答，谢良佐还是不大明白。看到谢良佐没有理解，程颢就耐心地解释说："火为阳，水为阴。如果人喝冷水，就可能会生病。用火在汤瓶下面烧，就可以把水从冷水变成开水啊。这是用火的阳气来提升水的阳性，降低水的阴性啊。在秋冬季

45

节，如果人喝开水或者用热水洗脸，就不容易着凉生病；原因是开水的阴性比冷水的要弱得多。"从烧汤瓶的生活经验中，程颢望表知里，发现了阴阳的对立与贯通。在生活中，我们也需用心观察、深入思考，不要人云亦云。

总之，程颢和程颐所体贴出来的天理，是对儒家思想的重大发展。正如上文所说，天理不仅是万事万物背后的根据，具有自然规律的意思，还是人们进行道德修养和成为圣贤的依据。此外，天理也是人们具有善良天性的原因。在下一章，我们将一起来探讨二程对人性的理解。

第三章

人性本善

在年轻时，程颐曾经进入太学读书。当时，著名学者胡瑗负责主持太学。有一天，胡瑗出了个"颜子所好何学"的题目，要求太学生作文。虽然程颐入学不久，可是，他对此早有思考。因此，他很快写了一篇《颜子所好何学论》的文章。在文章中，他对心与性、情的关系做了探讨，认为人性本善。在情的影响下，人们会出现恶行。君子应该正心养性，不要让情影响了自己的天性。在看完程颐的文章之后，胡瑗大为赞赏，要求他在太学担任学职。

程颐的文章为什么能够打动胡瑗呢？人性本善又是什么意思？程颐对前人的思想有哪些发展？要找寻这一系列问题的答案，我们就要深入研究二程对人性的看法。

一、恻隐之心

在二程看来，每个人都具有善良的人性。从每个人都有恻隐之心上，我们就可以看出人性本善。

（一）天性善良

二程不但是满腹经纶的儒学家，而且能够将儒学落实到自己的生活中。从一些生活琐事中，我们就能看出这一点。

话说在程颐家书斋前面，有个装满水的大石盆。公元1054年，程颐22岁。在夏季的某一天，仆人从外面买来一些小鱼装在篮子里，打算用来养猫。程颐看见离开水的小鱼口吐白沫，就起了恻隐之心。他弯下身子，从篮子中挑出还有可能活命的大约百十条鱼放入盆中。这些鱼大的有手指粗细，小的只有筷子粗细。看到鱼儿在水中欢快地游动，在感到高兴的同时，他不禁思绪万千。下面这段话就是他的心情写照：

小鱼啊，你在水中游来游去，也算适得其所。可是，石盆中的水极其有限，终究不是长久之计。想当初，古代圣人提出时禁，要求"数罟不得入水夸池，鱼尾不盈尺不中杀，市不得鬻，人不得食"。再看盆中的鱼儿很小就被人买卖，真是不幸啊。你们没能逃过细密的渔网，却能够幸运地逃过煎炒烹炸。江河湖海才是鱼儿的理想归宿啊，可惜的是，我没有能力把你们送入江河之中。不只是鱼儿，我希望社会中的每个人都能人尽其才，期望天地间的每一事物都能各尽其用、各得其所。

乍看之下，程颐的做法似乎很迂腐。实际上，他对小鱼的痛苦感同身受，并且尽力帮助它们。程颐的这一做法

49

书斋之前有石盆池。家人买鱼仔食猫。见其煦沫也，不忍，因择可生者，得百余，大者如指，细者如箸。细之者竟日，始舍之，洋洋然，鱼之得其所也；终观之，支颐而观焉，吾之感于中也。吾读古圣人书，观古圣人政禁，数罟不得入池，鱼尾不盈尺不中杀，市不得鬻，人不得食。圣人之仁，养物而不伤也如是。

程颐观鱼

体现了人人皆有的恻隐之心。

小专题 5

人性

　　人性就是人的本性，是一个受到社会制度和环境影响的概念。以现实情况来看，人性是善恶并存的，是生物属性和社会属性的统一体。在中国古代，不同哲学家提出了不同的人性论。在历史上，孟子第一次提出了性善论，告子提出了性无善无不善的观点，荀子提出了性恶论，董仲舒提出了性三品说，扬雄提出了性善恶相混的观点。从宋代开始，儒家学者大都赞同孟子所提出的性善论。

小专题 6

恻隐之心

　　"恻隐之心"语出《孟子·告子上》，指的是人们在面对别人的不幸遭遇时所产生的同情心、怜悯心。孟子说："恻隐之心，人皆有之。"恻隐之心又可以叫作不忍人之心。如果你看见一个小孩就要掉到井里去，就会下意识地拉他一把。你之所以要这样做，不是因为与孩子父母比较熟悉，也不是想出风头，更不是无法忍受孩子的哭闹。你这样做，仅仅只是出于对小孩的关爱。孟子从人的

51

恻隐之心入手，推断出人性本善。

不仅程颐有体现其恻隐之心的故事，程颢也有。有一天晚上，程颢正在书房里认真读书。忽然，有个学生发现程颢的衣服上趴着一只蝎子。他赶紧提醒程颢："先生，您的衣服上面有个蝎子，您千万别动。等我去找东西，把它夹下来。"说完之后，他赶紧去找了一双筷子，小心翼翼地夹住蝎子，再慢慢地把它拿下来。他问程颢说："先生，刚才的情况太危险了。这个蝎子差点蛰了您。咱们怎么处置它？"程颢说："很难处理啊，杀之则伤仁，放之则害义。"意思是说，蝎子也是一条生命，杀了它，就会违反仁爱的要求；但如果放了它又可能会伤了别人，不符合义的要求。程颢想了一会后，说道："还是放它一条生路吧。麻烦你把它带到野外放生吧。"你看，程颢也是很有爱心的人。在二程看来，人不但要关注自己，还应该关爱他人和大自然。

（二）救世济物

虽然我们知道人人皆有善良天性，可是，人为什么会有如此天性呢？对此，二程也提出了自己的看法。

有一次，在讲学时，程颢说："道即性也。若道外寻性，性外寻道，便不是。"在他看来，天理和人性是一回事啊，人性是本善的。程颢认为，每个人都有完善自足的人性。他对学生说："如果说有不好的性，那么就请你找一个好的性来替换它。"如果人性没有受到不良影响，就应该率性而为。反之，如果不能正确看待诱惑，人们就会迷失本性，做出伤天害理的事情来。虽然有些人迷失了本性，却并未丧失它。如果他们能够修养自身的道德，就可以回复纯善无恶的本性。

有个学生询问说："先生，性和气是什么关系啊？"程颢回答说："性即气，气即性。二者是相互关联、密不可分的。"因为人类是禀气而生的，因而现实的人性也就有善有恶了。有的人生下来就懂得与人为善，也有的人打小就凶恶暴虐。因为人们在生活中必然与他人他物发生联系，所以至善的人性也必然受到影响。如果一个人能够在道德修养中严格要求自己，就能够提高自己的人生境界，成为孔子和颜回那样的圣贤。

有一次，刘绚向程颢请教说："您经常教育我们说，告子对人性的认识有错误。我想问您，告子到底错在哪里？"程颢回答说："告子看到了人具有饮食男女的天性是正确的，可是，他却误以为人和牛马的性是一样的。"刘绚又问了一句，说："先生，我明白了。可是，人的本性和牛马的特性到底有什么不同呢？"其他学生笑着说：
"刘绚，你可真是打破砂锅问到底啊。"程颢不但没有批
评刘绚，反而耐心地回答说："不懂就应该问呀。虽然万
事万物都是由气禀而生的，可是只有人类才禀受的是清
气。人类之所以会有恻隐之心，就是因为人禀受了较清的
气。与人类不同，其他动物和植物等物体禀受的是较为浑
浊之气。在世间万物中，只有人类才具有关爱他人，关
爱大自然的能力。告子虽然看到了人和鸟木草兽都禀气化
生，但不了解人和牛马禀受的是不同的气，忽视了人和物
的差异。"说完后，他又总结说："人则能推，物则气
昏，推不得，不可道他物不与有也。"虽然鸟木草兽不能
推己及人，却也具有以天理为根据的特性。

听到先生表扬自己，刘绚又提问说："先生，实行仁
爱要推己及人。您常说，'人能推，物不能推？'这两个
'推'字意思是否相同呢？"程颢笑着答道："不错。
'推'指的是人具有关爱他人和自然万物的能力。这一能
力是与生俱来的，就像婴儿生下来就会吃奶一样。万事万
物都是大自然中不可或缺的一部分，都具有自身的特性和
存在价值。因此，人类不仅要关注自己的切身利益，还要
像爱护自己的身体一样爱护其他事物。在满足自身的生活
和生产需要之外，我们不应摧残其他事物。相反，我们应

城垂克，彬忽称疾不视事，诸将皆来问疾。彬曰：「余之疾非药石所能愈，惟须诸公诚心自誓，以克城之日，不妄杀一人，则自愈矣。」诸将许诺，共焚香为誓。明日，稍愈。

焚香禁杀

该让世间万物都能各得其所。"听完程颢的解释，学生们都明白了自己肩负的道德责任。

在二程看来，每个人都应该尊重别人，应该多行善举。如果你手中握有大权，那么你更要时时处处与人为善。

公元974年，宋太祖赵匡胤命令宋军分三路进攻南唐。宋代名将曹彬奉命带领中路大军攻城。在战事告捷、即将获胜之时，曹彬告知部下自己生了大病，不能再办理军中之事。他手下的将领都很关心他，于是到了中军大帐来询问情况。有人问："将军，您的病情如何？"曹彬说："病情很严重。"先锋官马上说："我现在就去请郎中。"曹彬说："且慢。医药不能治疗我的病。"有个将军关切地问："那怎么治啊？"曹彬说："只要在座诸位能够发誓，在攻破城池之后，你们不无故杀害一人，我的病马上就好了。"诸将听完之后，满口答应，并且焚香祷告、向天盟誓。第二天，曹彬的病情果然大有好转。等到金陵城破之后，宋军果然秋毫无犯，城内百姓也都很高兴。后来，司马光评价曹彬说："他是个心存仁爱的人。虽然替朝廷平定了数个国家，却没有妄杀一人。"

与心怀善念的曹彬不同，宋将曹瀚却是个残暴的人。他在率军攻打江州时，虽然士兵奋勇攻城，却久攻不下，反而死伤惨重。曹瀚很恼火，发誓破城之后要狠狠报复。

在攻下九江之后，曹瀚纵容士兵大开杀戒。一时间江州城血流漂杵，宛如人间地狱。曹瀚的做法和曹彬正好形成了鲜明对照。

在谈及两名武将的行事风格时，程颐感慨地说："正是因为曹彬心存善念，他的后代才会人丁兴旺，还有多人做了高官。再看曹瀚，他死后，家道很快就败落了，子孙也不成器。看来，做人还是应该心存善念，多行善事啊"。

总之，人性就是天理在人身上的落实，是人类区别于其他事物的特性。二程认为，善良的天性就是人性的体现。既然每个人都具有善良天性，那么我们不仅要把仁爱施加到人类社会，还应该关爱大自然。

二、过犹不及

既然每个人都是天性善良的，那么，为什么在生活中我们依然能看到损人利己的行为呢？对此，二程也做出了详尽的解释。

（一）蜕化变质

为了回答天性善良的人为何会蜕化变质的问题，程颢和程颐采用讲故事、打比方等方式多次给学生做了讲解。

有一次，吕大临向程颢拜师学习。吕大临问："先生，既然人性本善，那么为什么天底下既有善人又有恶人呢？"程颢说："天下善恶皆天理，谓之恶者非本恶，但或过或不及便如此，如杨、墨之类。"吕大临一听更糊涂了，马上问道："善来自天理，我能够理解。先生，您为什么说恶也与天理有关呢？"

看到吕大临犯了迷糊，程颢就对这个问题进行了条分缕析的解释。他说："恶往往是人想做善事，却没有把握好分寸，结果好心办了坏事。过犹不及就是此意啊。例如，杨朱的本意是爱护自己，这本来没有错。我们儒家也讲究要爱护自己。可是，杨朱却把这一善意加以扭曲，变成了'拔一毛利天下而不为'。如果将这一设想付诸实践，我们就都变成了自私自利的人。再比如，墨子的原意是要爱护他人，这也是儒家可以接受的。他却主张爱无差等，主张忽略亲人、族人和国人之间的亲疏之分。这样一来，墨子的说法就变得不近人情了。所以，孟子批评杨朱，说他们无君无父，实在是没有说错啊。"听完程颢的解释，吕大临终于消除了疑惑。

有一次，在给学生讲学时，程颢又讲到了善恶与人性的问题。他说："告子的'生之谓性'说法有一定道理。

我们常说的人性都是与人相联系的具体的人性。性是纯善无恶的，气是有善有恶的。因此，人类禀气而生，自然会有善人恶人。可是，天理却是至善的。"意思是说，既然人都是气禀的产物，那么人性和气就是密不可分的。既然气有善有恶，那么天底下的人也理当有善有恶。李旴说："先生，天理之中是否就有善恶对立的两种人性呢？"程颢说："你的观点可以商量。有的人天性善良，有的人自幼就凶恶，这都是气禀的结果啊。"在程颢看来，善固然是天理的体现，恶也与天理有一定关系。

李旴说："先生，您这么一说，我就更糊涂了。麻烦您举例说明一下吧。"程颢温和地说："没问题。你看那黄河万里滔滔，就像人性一样啊。在上游地区，黄河的水是清澈见底的。等到中游和下游地区，由于携带了大量泥沙，河水逐渐变成泥黄色了。在黄河的源头，水是清澈的，正如人的天性善良。黄河的逐渐变浑，恰似人被物质诱惑而迷失本性啊。"李旴又说："按照您的说法，人性确实是本来善良的。恶人作恶只是因为他们迷失了本性。那么，人们怎样才能迁善改过呢？"程颢说："清水浊水皆是水，正如善人和恶人皆有人性一样。如果我们能让水中的杂质沉淀下来，就可以让它恢复原本的清澈。同样道理，我们如果在道德修养方面下一番工夫，就可以恢复自己的善良本性。在道德修养方面，我们不能放松自己。要知道，道德修养就像逆水行舟一样，不进则退啊。"

有一次，在讲学时，谢良佐提出了一个论点。他认为："工匠用金子来制作器物，就像人性的形成过程。"程颐不同意他的观点，说道："金可以比气，不可以比性。"谢良佐不太明白两者之间的区别，就急切地向先生请教。程颐耐心地解释说："你的说法不对啊。按照你的说法，人性的形成是环境影响的产物。这种说法类似于告子的性无善无不善论，却违背了孔孟提出的性善论。工匠制作器物的过程，和人禀气而生是相似的。"

听完程颐的解释，谢良佐还是不大明白。于是，程颐不厌其烦地又做了进一步的讲解。他解释说，人性可以分为天命之谓性和生之谓性两类：天命之谓性来自天理，是人生来就有的至善的天性；生之谓性是理与气相结合的产物，因而是善恶相混的。天命之谓性是抽象的，生之谓性是具体的，天理之性与具体的人性的关系就像器物接受太阳光的照射一样。与至善的天命之性不同，具体的人性总是善恶相混的。经过程颐细致入微的分析，谢良佐才算真正明白了。

总之，每个人都具有善良的天性，有些人没有经受住外界的诱惑，忘记了自己的善良天性，才会做出损人利己的事情来。如果这些人能够迷途知返，也能变回心存善念的人。

小专题 7

性无善无不善

告子主张人性"无善无不善"。水流没有自己的本性，会随着地势的高低而流淌。如果东边的地势低，水就会流向东边。如果西边的地势低，它就会流向西边。同样道理，人性也会因为环境而发生改变。他又举例说，既然制作酒器的杞柳和酒器是两码事，那么仁义和人性也不可混为一谈。因此，区分人性的善恶毫无意义。

小专题 8

生之谓性

"生之谓性"是由告子提出来的。他认为人性就是食色等生来即有的本能、天性和欲望。可是，自然属性是人和动物的共性。如果用它来诠释人性，就无法体现人类的独特之处。因此，为了凸显真正的人性，孟子对告子提出了批评，二程也对告子的生之谓性提出了批评。程颐认为，"生之谓性"并不是真正的性，只有孟子所说的性才是真正的人性，才是极本穷源之性。

61

（二）抽丝剥茧

虽然孟子、荀子、扬雄和韩愈等人都是儒家学者，可是他们的人性观却有很大差异。此外，性和情有何关系？命和际遇有何异同？为了回答这些问题，二程为我们进行了一番抽丝剥茧般地剖析。

在讲学时，程颐经常批评荀子、扬雄和韩愈。有一次，有个学生忍不住询问程颐说："荀子、扬雄和韩愈到底错在哪里啊？请您给我们讲讲。"程颐说："好吧。"接下来，他简要回顾了三位大儒的贡献和偏差。

荀子是战国时期儒家的代表人物之一。他不仅发展了孔子的儒学思想，还整理了儒家的典籍。可是，荀子却提出了人性本恶的观点。他认为君主在治理国家时应当通过礼乐教化和刑罚等手段促使百姓为善去恶。程颐认为，荀子的性恶论是非常错误的，只有孔孟的性善论才是正确的。

扬雄是西汉著名的儒学家、文学家，在恢复孔孟的正统儒学方面，他也做出了一些成就。可是，在王莽篡汉称帝之后，他却丧失气节，担任了天禄阁校书一职。在王莽被杀之后，他又担任过汉朝的大夫之职。在人性论方面，他否认儒家正统的性善论，认为人性是善恶相混的。在谈及扬雄时，程颢说："在汉儒之中，我认为扬雄是出众的。可是，他却不了解出处之道，因而在为人处世上犯了一些错误"。他认为，如果面对同样的情境，孟子一定不会做出扬雄那样的丑行。还有，在二程看来，扬雄善恶相混的人性观也是错误的。

韩愈是唐代文学家、思想家。他提出了儒家的道统观，认为"尧、舜、禹、汤、文、武、周公、孔、孟"代表了儒家的传道谱系。他一生极力反对佛学，曾写《论佛骨表》一文，反对皇帝崇奉佛教。在人性论方面，他继承了董仲舒的性三品说，否认了普通人成为圣贤的必要性和可能性。程颐首先批评了韩愈的人性观，认为性善论才是合理的人性论，人人都能成为圣贤。程颐不完全同意韩愈的道统论，评论说："韩愈在排佛方面是值得学习的。可是，他自封为儒家道统的继承人，却是错误的。在我看来，只有先兄程颢才是继承孔孟道统的人。"

可见，二程对荀子、扬雄和韩愈的批评主要集中在人性论方面，目的在于弘扬性善论，并为每个人都能成为圣贤做论证。

小专题9

性恶论

性恶论是由荀子提出来的。他认为，"人之性恶，其善者，伪也。"人性天生就是凶恶的。每个人都希望满足自己的欲望。如果不通过礼义来限制人们的欲望，人类社会就会陷入混乱。人们的善举是后天教化的结果。他认为，圣人并不是天生就比别人道德高尚，只是他们善于学习和积累。因此，通过学习和积累，"涂之人可以为禹"。

小专题 10

性三品说

性三品说是由董仲舒创立的。他把人性区分为圣人之性、中民之性和斗筲之性三种类型。圣人天生就具有善性，无需教化。顽劣之人天生具有凶恶的斗筲之性，即使加以教化，也不会有善举。对于顽劣之人，君王只有施以刑罚威吓，才可以让他们安分守己。只有具有中民之性的人，才有教化的必要和可能。韩愈发展了董仲舒的人性观，认为在每个人与生俱来的人性中就有仁、义、礼、智、信等道德，而喜、怒、哀、惧、爱、恶、欲则是人与外物相接触而产生的情感。

小专题 11

性善恶混

　扬雄继承了孔子的"性相近，习相远"的观点，提出了性善恶混的观点。他认为，人的本性就是善恶相互混杂的。如果一个人发扬本性中的善良成分，就能成为道德高尚的人；反之，他就会变成穷凶极恶的人。因此，后天的善恶是环境影响和个人学习的结果。他要求君子加强自身的学习和道德修养。

小专题 12

道统

　　道统说是由韩愈提出来的。道就是儒家的仁义道德，统就是儒家的传承世系。韩愈说："尧以是传之舜，舜以是传之禹，禹以是传之汤，汤以是传之文武周公，文武周公传之孔子，孔子传之孟轲。轲之死，不得其传焉。"在韩愈看来，儒家的道统是由尧、舜、禹、汤、周文王、周武王、周公、孔子、孟轲一路传承下来的，而他自己则是接续孟轲道统的人。后来，程颐认为，程颢接续了孟子的道统。朱熹认为，周敦颐、二程才是接续孟子道统的人，自己又接续了周、程的道统。道统学说既体现了儒家学者对于古圣先贤的认同，又反映了后世学者批评错误观点的正统意识和弘扬儒学的责任感。

　　有一次，在谈及性与情的关系时，有个学生询问说：　　65

"先生，喜怒哀乐这些感情，是否来自性呢？"程颐回答说："是啊。只要人有思想意识，就会有性。只要有了性，就会有情。没有性哪来情啊？孟子所说的恻隐之心就是情啊。"刘元承问："先生，性和情到底是什么关系？"程颐回答说："性是寂然不动的本体，情是性受到外界刺激之后的表现。要想保持自己的善良天性，就要防止情欲对自己的伤害，就要让感情的发生符合社会道德的要求。"

为了帮助学生理解，程颐又用静水和波浪的关系来做了说明。他认为，湛然平静是水的本性。如果碰到砂石或者地势落差，河水就会变成激流。倘若再有大风吹动，水流就会波涛汹涌。难道水本来就是波涛汹涌吗？接下来，他又总结说："人性中只有四端，又岂有许多不善的事？然无水安得波浪，无性安得情也？"意思是说，人性之中只有仁、义、礼、智四个善端，哪有恶行的存在呢？无水就不会有波浪，正如没有性，就没有情一样。他希望，每个人都能有主心骨，能够不为外物所动，成为一个道德高尚的人。

总之，性和情是密切相关的。我们应该效法二程，做一个宠辱不惊的人。下面，我们再来看看二程对于命和际遇的分析。

三、命该如此

有人问程颐："先生，什么是命?命和际遇有何关系呢?"程颐回答说："际遇与命是密切相关的。我先给你们讲讲长平之战的故事，然后再分析给你们听。"

公元前262年，为了争夺韩国的上党郡，秦国和赵国之间发生了一次大战。一开始，赵军的统帅是老谋深算的廉颇。他采用坚壁清野的办法，希望先避敌锋芒，再寻机打败秦军。结果，秦兵在三个月内寸步未进，士气大受影响。为了打败赵国，秦国暗中派人到赵国散布流言，说是廉颇要降秦，又说只有赵括才能打败秦国。赵王果然中了敌方的反间计，派遣只会纸上谈兵的赵括代替廉颇担任统帅。赵括一改前任的战斗策略，派兵四处出击，希望一举歼灭敌军主力。

得知赵王中计之后，秦国暗中派出名将白起担任秦军统帅。白起一面派兵引诱赵军，一面派兵断其后路。经过几次苦战，赵括阵亡，四十万赵军做了俘虏。针对如何处理战俘的问题，白起沉思良久，心想："如果留下他们的性命，军粮就会难以为继。倘若把他们放回去，又会养虎遗患。想要把他们送回秦国，却又无人押送。而且，四十万的部队如果哗变，也不好处理。"于是，他下令将

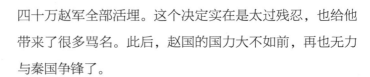

四十万赵军全部活埋。这个决定实在是太过残忍，也给他带来了很多骂名。此后，赵国的国力大不如前，再也无力与秦国争锋了。

对于四十万降卒的遭遇，程颐认为，"只遇着白起，便是命当如此"。一旦四十万降卒遇上白起，就难以逃脱被坑杀的惨境，这也是命该如此啊。所以，命就是个人面临的、自身无法左右的主观和客观条件，而际遇则是命运的现实表现。在解释完"命"和"际遇"的区别之后，他又提出了"安于义命"的思想。在他看来，如果一个人已经尽了最大努力却依然无法走出困境，那么他就应该乐天知命。从道德层面来看，程颐的这一说法凸显了人的道德自主性，具有明显的合理性。但是，这一说法淡化了个人在困境中的奋斗意识，因而也有一定的局限性。

总之，二程认为，每个人都是天性善良的，都有成为圣贤的可能性和必要性。可是，要成为圣贤，并不能一蹴而就，而是需要踏踏实实地做一番修养工夫。那么，二程提出的道德修养工夫包括哪些内容呢？要想回答这一问题，就请您阅读下一章吧。

第四章

殊途同归

【格物识仁】

有一次，张载写了一封信，来和程颢讨论如何定性的问题，后人简称这封信为《定性书》。由于年代久远，张载的来信已经无从考证了。可是，程颢给他的回信却完整地保留了下来。在来信中，张载当时提出了如果把性区分了内外，那么，如何实现人的安身立命呢？

在回信中，程颢说："性是不需要区分内外的。一个人内在的人性和外在的事物的特性，都是同一个性。只是由于气禀不同，所以人性和物性有差异。在对待他人和他物时，我们要像镜子一样物来则应，物去则空，做到廓然大公、应物无私。要涵养气质，我们就要做到顺其自然。在养气时，我们既不能一曝十寒，又不可拔苗助长。我们做人做事一刻不可有私心，要学会换位思考。"在张载和程颢的书信往来中，二人探讨的就是何种道德修养工夫最有效的问题。这也就是本章将要讨论的问题。

提起二程的道德修养工夫，人们首先想起的可能就是格物穷理。这一印象无疑是正确的。格物穷理、心存诚敬、涵养气质和顺理而为等都是二程共同提出的有代表性的修养工夫。此外，程颢还独自推出了识仁、定性等修养工夫。尽管二程提出的道德修养工夫各有特色，可是它们的终点都是圣贤境界。因此，我们可以把二程的道德修养工夫的这一特点概括为"殊途同归"。

虽然人们对二程的道德修养工夫有初步印象，可是，对于其中的具体内容，人们却往往不甚了解。下面，我们就来一窥二程道德修养工夫的堂奥。

一、格物穷理

在二程看来，圣人天资聪颖，可以不学而知。可是，普通人只有通过格物等手段，才能发现天理。格物不但可以发现天理，还能获取自然科学知识。

（一）格物致知

格物可以获得知识。可是，知识与天理有什么关系？格物有何窍门呢？接下来，我们就来了解二程的格物穷理思想。

在讲学时，程颐要求学生妥善处理知行关系，并获取真正的知识。在知行关系上，程颐主张知在行先。他说："知在行先。举例来说，如果一个住在洛阳的人要去京师开封，自然知道要出西门。如果一个住在京师汴梁的人要去长安，自然也知道应该出西门。如果出门人不知道自己的目的地，自然就无法行路了。"

程颐又把知识区分为德性之知和见闻之知两类。他说："闻见之知，非德性之知。物交物则知之，非内也，今之所谓博物多能者是也。"意思是说，闻见之知和德性之知不是一回事。闻见之知是人们感官接触外在事物的结果，是关于自然万物的认识，例如，我们今天所说的物理学、化学等。如果一个人积累闻见之知，就会成为博学多能的人才。与闻见之知不同，德性之知与天理有直接关联，是有关道德修养的知识。他认为，"德性之知，不假闻见"是每个人天生就有的，只是有些人忘记了这一点。在道德修养中，如果我们致力于获取德性之知，就能收到事半功倍的效果。

通过格物，我们既可以获得闻见之知，又可以获得德性之知。程颐不太看重闻见之知。他说："致知，但知止于至善，为人子止于孝、为人父止于慈之类，不须外面，只务观物理，泛然正如游骑无所归也。"通过观察外物，我们就能获得闻见之知。如果一个人只知道获得闻见之知，就像不知家在何处、盲目游荡的骑手一样。与闻见之知相比，程颐看重的是德性之知。他认为，如果我们在格物的时候保持诚敬，就可以获得德性之知。通过对德性之知的反思，我们就可以发现天理是每个人天生就具有的。在认识天理之后，人们还应该遵循天理的要求。

程颐把粗浅了解的知识称为常知，又把深刻理解并落实到行动中的知识称为真知。有一次，他在讲学时谈到了真知与常知的差异。他说："有个农夫在种地时曾经被虎伤害过。邻居把他抬回家之后，又给他请来了郎中。经过郎中的悉心治疗，农夫才得以康复。可是，这件事已经在农夫的心里留下了深深的阴影。有一天，邻居们在一起兴致勃勃地谈论老虎的可怕。没想到，曾经被虎伤害过的农夫被吓得浑身发抖，一下子晕了过去。在座诸位，你们看，这就是真知和常知的差异啊。"有些学生表示没有听明白。

于是，程颐又做了进一步的说明。他说："理解和落实是两码事。如果一个人知道不应该做坏事，却还是去做了。那么，在我看来，这个人并不是真知道。如果是真知道不应该做坏事，就不会去做了。"吕大临说："先生，请您举个例子吧。"程颐说："可以。例如，一个君子知道不应该翻越人家的院墙去做小偷，那么他就一定不会那样去做了。所以，你们不能做一个夸夸其谈的人，每个人都应该把天理落实到实际生活中去。"听完老师的讲解，听讲的学生们都表示愿意遵从先生的教诲。

要想通过格物穷得天理，就要有持之以恒的精神。

有一次，在讲学时，程颐批评说："今之为学者，如登山麓，方其迤逦，莫不阔步，及到峻处，便逡巡。"意思是说，如果没有迎难而上的韧劲，爬山者就不可能到达风景壮丽、眼界辽阔的山顶。他认为，当时的读书人在穷理时有畏难情绪，缺乏持之以恒的精神，所以也难以认识天理。

有个学生问："先生，既然格物很有难度，那么是否不可能实现呢？"程颐说："不然。对于生而知之的圣人来说，只格一物就可以穷得天理。对于学而知之的普通人来说，须是今日格一件，明日又格一件，积习既多，然后脱然自有贯通处。"简单来说，从格物到穷理要经历一个从量变到质变的过程。从格一物到格多个物体，是量的积累，属于量变。从格多件事物到豁然贯通，是量变超过临界点，实现了质变。只要你在格物时有锲而不舍的精神，就一定能够穷得天理。

格物的方法有很多，阅读经书、谈论古今人物和洒扫应对等都是有效方法。可是，练习书法、喜好古玩和字句训诂等却不是格物，属于玩物丧志。此外，在二程看来，喜欢写诗作文，也不算格物。程颐不喜欢文学，认为诗词写得再好，也无助于治国安邦。他说："我不喜欢作诗。今天的人写诗肯定比不上杜甫。在杜甫诗中，有'穿花蛱蝶深深见，点水蜻蜓款款飞'这样的诗句。可是，这样的诗句纯粹是无聊的闲言碎语。因此，我不常作诗。"他又把佛教看作是异端之学，对于崇尚佛学、喜欢诗文的苏轼也不待见。与此同时，恃才傲物的苏轼也看不起略显迂腐、尊奉孔孟的程颐。难怪，后来苏轼和二程发生了剧烈的冲突。

在格物的过程中，程颢又提出了识仁的修养工夫。他认为，万事万物的化生，都体现了天地的仁德，仁与天理是可以相互贯通的。因此，通过观察世界，我们就可以体认仁。程颢把这种方法称为"识仁"。有一次，他对学生说："我年轻时曾经跟随周敦颐先生学习。周先生常常教育我们，要效仿孔子和颜回，获得人生的快乐。虽然周先生书斋的窗户上面长满了青草，却并不让人割去。"

后来，程颢书斋的窗户上也长满了青草。有人曾经劝程颢，希望他派人把青草芟除，程颢却不同意，认为可以从小草上面观察万物的盎然生意。在读书讲学之余，程颢经常悉心观察水盆中的游鱼。有个学生问他说："先生，几条小鱼有什么好看的，请问您到底在看什么？"程颢说："我在体察万物的生意。从欢快游动的小鱼身上，我看到了万物的盎然生机，发现了仁和天理。"可见，在程颢那里，格物和识仁是相通的。我们应该学习程颢，从微不足道的常见事物上面发现深刻的道理。

总之，只要我们有持之以恒的精神，就能穷得天理。识仁与格物又是相通的，可以借此获得对天理的认识。

（二）无心之得

尽管二程对闻见之知不大重视，但是在格物的过程中，他们也不自觉地获得了一些自然科学知识。这些知识并非有意为之，属于无心之得。下面，我们先来谈谈二程对月食和风雨雷电成因的看法。

首先，他们对月食的形成提出了独特见解。程颢说："月不受日光故食。不受日光者，月正相当，阴盛亢阳也。"意思是说，月亮自身不会发光，月光是反射的太阳光。一旦月亮被地球遮住，不能反射日光，就会发生月食。对于击鼓驱赶天狗的做法，程颢和程颐也提出了批评。古人认为，在月食发生的时候，只要人们击鼓就可以助长月亮的阳气。可是，按照阴阳观念，月亮代表了阴。如果击鼓来鼓舞月亮的阳气，就和月亮的阴性相违背了。因此，击鼓助阳的说法并不可信。

其次，对于风雨雷电的形成，他们也提出了独到见解。他们认为，风雨雷电的形成，是阴阳二气相互作用的结果。他们反对迷信鬼神，反对祈求神灵降雨的祭祀活动。例如，长安地区往往是刮东风才会下雨。可是，有时候明明刮着西风，可是长安地区却下雨了。很多人对此感到迷惑不解。程颢和程颐说："由于长安地区的地理环境比较特殊，气候变化多端，风雨也会变化无常。这是阴阳二气相互作用的产物，不是神仙的关照。"

最后，他们反对通过胎息、吐纳等手段可以成仙的说法。程颐说："胎息、吐纳等修炼方法只能帮助人们延年益寿，却无法让他们白日升仙。要是一个人住在空气清晰的大山里，又注意饮食养生，他就可能会有较长的寿命。比如，如果在空气流通不畅的密室中生炉子，就会发现炉火燃烧不充分。但如果在气流通畅的房间里面生炉子，炉火燃烧得会很旺盛。"正是以上述自然科学知识为基础，二程对道教的成仙学说提出了批评。

总之，通过格物，二程获得了不少自然科学知识。在当时，这些知识非常超前，具有独特的价值。即使在今人看来，有些知识仍然可以让我们获益良多。二程对鬼神的观点，就属于此类。

二程指出，鬼神是天地造化的产物，体现了阴阳二气的变化莫测。喜欢谈论鬼神的人，往往并非亲眼所见。即使是亲眼所见的鬼神，也往往是观察者自身生了心病或者眼病所致。为了说明自己的观点，程颐还讲述了一个凄婉动人的爱情故事。

传说汉武帝刘彻有个宠妃名叫李夫人。她不但能歌善舞、容貌秀丽，还给他生了个皇子，汉武帝对她非常宠爱。可惜，李夫人年纪轻轻就生了重病。在她病重之时，汉武帝去看望她。她背过身去再三央求皇帝关照自己的兄弟，却始终不让他看到自己的病容。因此，汉武帝对她的印象一直很美好。在她死后，汉武帝对她非常思念。有一天，有个道士来求见，表示自己能够让汉武帝再次见到自己心爱的女人。于是，汉武帝就命方士为李夫人招魂。方士请他坐在帷帐之中耐心等待。过了一会，只见李夫人款款而来，又悄然离去。汉武帝想撩起帷帐一睹芳容，却被方士拦住了。汉武帝感叹说："是耶？非耶？为何你不来到我跟前，与我见面呢？"原来，方士先从深海里找到一种奇石，又将李夫人的图像刻在上面。通过灯光的照射，李夫人的图像就被投射在帷帐上面了。于是。汉武帝就看到了心爱的李夫人的影像。据说，这就是后世皮影戏的起源了。后来，白居易写过一首名为《李夫人》的诗歌。诗中写道："魂之不来君心苦，魂之来兮君亦悲。背灯隔帐不得语，安用暂来还见违。伤心不独汉武帝，自古及今皆若斯。"

俗话说："疑心生暗鬼"，鬼神是人们的幻觉。因此，我们不应该迷信鬼神和风水。程颐认为，唐代狄仁杰废除江浙一带的1 700处淫祀，是后人值得学习的行为。要破除鬼神迷信，就要通过格物来烛理。

总之，通过格物，我们可以穷得天理。可是，如果我们在格物时不能保持诚敬的态度，就只能获得闻见之知。下面，我们就来了解二程对诚敬的看法。

二、心存诚敬

在二程看来，诚和敬都是重要的道德修养工夫。要想成为圣贤，我们就要心存诚敬。为了向学生解释如何做到诚敬，程颐也给他们讲述了不少动人有趣、富有启发意义的故事。

（一）真实无妄

诚包括两层意思，一是真实无妄，二是既不自我欺骗，又不欺骗别人。社会中的每个人都应该讲求诚信。不但君主要懂得以诚待人，而且普通人也要讲求诚信。

在辅佐年幼的周成王时，周公凡事皆出于公心，而且能够礼贤下士。他曾说过："吾文王之子，武王之弟，成王之叔父也；又相天下，吾于天下亦不轻矣。然一沐三握发，一饭三吐哺，犹恐失天下之士。"意思是说，他是周文王的儿子、周武王的弟弟，又是周成王的叔叔。在做了摄政王之后，他自感责任重大。为了不怠慢贤人，他曾经在洗头发时三次将头发提在手里，出来接见对方。因为求才若渴，他曾在吃饭时，三次将嘴里的饭吐出来，去接见来访的贤人。后来，人们就用"周公吐哺"来形容君主求贤若渴。在《短歌行·对酒当歌》中，曹操怀着求贤若渴的心情写下了"周公吐哺，天下归心"的诗句。

程颐对周公的以诚待人、知人善任很是佩服。他说："周公之所以能把天下治理得井井有条，就是因为他能够知人善任。"所以，君主不一定要事必躬亲，只要懂得礼贤下士、知人善任，并做到赏罚分明，就可以让天下得到很好的治理了。所以，二程反对皇帝大权独揽，主张分权与制衡。在二程看来，如果我们能够以诚待人，就比较容易获得别人的认可。为了说明这一点，程颢简要地给学生论述了以诚待人的重要性。

二程认为，祭祀能否取得预期效果，取决于祭祀者是否怀有至诚之心。程颢说："古人祭祀用尸，极有深意，不可不深思。盖人之魂气既散，孝子求神而祭，无尸则不飨，无主则不依。"所谓"尸"，说的是古人在祭祀时，往往会选择一个小孩子让他端坐不动，扮演已经故去的祖先。如果孝子贤孙在祭祀时怀有至诚之心，就可以让祖先前来享用祭品。如果缺乏诚心，让祭祀流于形式，就无法获得祖宗的庇佑了。

有一次，程颢和张载进行了一次讨论。程颢说："一个官员要有治国理政的才能和至诚之心，才能在施政时取得预期的效果。"张载同意程颢的观点，说道："如果一个官员空有治国之才，却没有至诚之心，就无法取信于民。这样一来，即使他能取得一时的成功，也无法长久地保持下去。"

另一次，在给学生讲学时，刘绚说："先生，请您给我们讲讲天道和诚的关系。"程颢回答说："好吧。你们看，太阳每天东升西落，是不会欺瞒人的。就季节来看，春夏秋冬总是依次交替的。可见，天道的运行是真实无妄的。作为大自然的一部分，人类也应该效法天道，在为人处世时讲求诚信。"孔子云："人而无信，不知其可也。"如果人人都能以诚待人，那么社会就会变得更美好，这是一种良性循环。反之，如果每个人都恶毒地伤害他人，社会就会变成人间地狱。

（二）心无旁骛

诚和敬又是密切关联的。在谈到如何持敬时，程颢提出了不可执着的告诫，程颐提出了"主一"。那么，"执着"和"主一"是什么意思呢？

有一次，吕大临问程颐："先生，我最近被纷扰的思虑困扰。请问如何才能抛开这些烦恼呢？"程颐回答说："要想去掉思虑纷扰，就要学会主一和持敬。要做到主一，你就要专心致志。"他又举了两个例子来说明。如果一个人没有主见，就会像在一所破屋中抵御外敌入侵一样狼狈，东边的敌人还没有打退，西边的敌人又攻到跟前了。这是因为墙壁四处漏风，没有屏障抵御外敌啊。再比如，你扔一个空瓶子在水里，水很快就会进入瓶子里面。如果你把一个实心的容器扔到水里，水自然就没法进去了。最后，他总结说："盖中有主则实，实则外患不能入，自然无事。"意思是说，如果一个人有主见，就不容易被外物干扰。因此，"主一"就是有主见、心无旁骛的意思。下面，我们再来看程颢的"不可执着"是什么意思。

有一天，程颢在长安的一间粮仓中闲坐，他看见粮仓中的廊柱很雄伟，却不知道柱子到底有几根。经过计数，他知道柱子共有32根。可是，他又对这个数字有些怀疑，心想："刚才数得不知道对不对？干脆再数一遍吧。"于是，他又认真地数了几遍，可每次数出的结果都不相同。为了弄清楚到底有多少根，他就命令仆人大声地数柱子。结果，柱子果然是32根。这件事情让程颢明白了过犹不及的道理。因此，在持敬时，我们千万不可把捉，不可有执着之心。

另外一次，程颢给学生讲起来一件往事。在澶州的时候，他曾经负责修建一座桥梁。由于缺少一根长梁，他带人四处寻找。在费尽千辛万苦之后，终于找到了需要的木材，这件事对他的影响很大。以致后来，每次看见长得比较好的树木，都会在心里盘算："它能不能做成长梁呢？如何加工才比较省事呢？"在讲完事情的原委之后，他喟叹一声，说道："越用心把捉越不定。"意思是说，一个人越是执着，就越是无法安定本心。凡事不可有计较之心。做人要胸无杂念，心中不可有一事。

可见，虽然我们应该时刻不忘诚敬，可是我们也不能有执着之心。如果我们不懂得这个道理，就可能会适得其反。如果一个人能够时刻保持诚敬，就能时时处处按照中庸之道办事。

（三）恰到好处

如果我们要践行中庸之道，就离不开因时制宜。程颐举例说，古人席地而坐，用手来抓饭。到了宋代，人们习惯在吃饭前摆好桌椅，在吃饭时会使用筷子等餐具。这就是与时偕行啊。接下来，他又分析了汉初萧何和东晋谢安筹划建造宫殿的不同影响。

在汉代初年，丞相萧何奉命建造皇宫。他大兴土木，建造了很多宏伟的宫殿。公元前199年，在萧何的陪同下，刘邦来到已经竣工的皇宫进行视察。只见宫殿林立，内外装饰也显得富丽堂皇。其中，最大的一座宫殿名叫未央宫，占地二三十里。刘邦很不高兴地说："我当初起兵造反，是为了解救受苦受难的百姓，并非为了个人享受。现在，天下初定，百业凋敝。你却修造这么宏伟的宫殿，岂不是给百姓增加了很多负担吗？"只见萧何不慌不忙地回答说："陛下，正因为天下百废待兴，所以我们才应该趁着人工便宜和建筑材料价格低廉的机会建造宏伟的宫殿。要是现在修得比较节俭，以后您的子孙就难免拆毁重建。岂不是会造成更大的浪费吗？"刘邦一听，转怒为喜，高兴地说："爱卿，还是你考虑长远啊。"

在萧何大兴土木时，汉朝刚刚立国，百姓刚刚脱离了战乱之苦，凡事应该节俭一些，为了皇帝个人的享受，让百姓受苦，实在不是丞相应该做的事情。因此，程颐认为，萧何的做法大有问题。紧接着，他又讲述了谢安修建宫殿的事情。

三国时期，东吴就在都城建康修建了名为苑城的皇家花园。苑城不仅是皇室游玩的花园，还是皇家卫队的训练场。据说苑城的占地面积很大，可以容纳3 000人同时骑马

85

操练。公元330年，东晋朝廷开始在苑城和昭明宫的基础上改建、扩建宫，谢安是工程的负责人。他指挥工人辛苦劳作，终于修建起一座名为建康宫的富丽堂皇的宫殿。后来，东晋朝廷又将建康城进行了扩建，从原有的一个城门扩建为六个城门。至此，六朝古都南京的基本框架就基本确定了下来。对于谢安修建宫殿的做法，程颐大加赞赏。他认为，当时东晋国力衰弱，人们对朝廷缺乏信心。谢安修建辉煌的宫殿，可以起到安定人心的作用。

总之，在道德修养中，我们要时刻心存诚敬。如果我们能够以诚待人，并能够在道德修养中做到专心致志，就可以成为一个道德高尚的人。

三、涵养气质

孟子提出了涵养浩然之气的修养工夫。二程继承和发展了前人的思想，也在涵养气质方面提出了自己的见解，这些见解对于我们提升个人道德水平和人生境界都很有价值。下面，我们将从立定志向、谨守礼法、自然而然三个方面对此加以探讨。

养气

养气的道德修养方法是孟子提出的。他说："吾善养吾浩然之气。"他认为，在人的身体里面藏有至大至刚的浩然之气，它要靠坚持正义和修养道德来涵养。在养气时，我们要"勿忘勿助之"。浩然之气如果不加涵养就会消退。汉代，哲学家们认为人是由元气构成的。至宋时，张载提出了"变化气质，知礼成性"的修养方法，认为如果存养人体内的正气，就可以变化气质，恢复人的善良天性。二程继承和发展了孟子的养气思想，提出了定性、制怒等养气方法。

（一）立定志向

曾子是个非常注重礼仪的人，他在遵循礼仪方面总是一丝不苟。他临死时，儿子曾元、曾申都在床前守护。忽然，他听见童子说："这个席子不合礼制啊。只有大夫才能使用这样光滑的席子啊。"听到童子的话语，曾子马上命令儿子曾元换掉席子。曾元说："您的病情非常严重，医生不让随便移动。等到天明之后，我再给您更换吧。"曾子说："我已经是将死之人，恐怕无法看到明天的日出了。在临死的时候，我只希望能够处处合乎礼仪啊。马上更换!"于是，儿子马上扶起曾子，开始更换席子。没等席子更换完毕，曾子就去世了。这个故事说明一个人要养气，首先就要确立远大志向。曾子之所以能够在临死时仍能做到一丝不苟，就是因为他立下了大志。因此，二程对他非常推崇，要求学生向他学习。程颐说："如果一个人不能立志，就会出现'气胜志'的情况。有些人年轻时是个勇敢、廉洁的人，到了晚年却变得怯懦、贪婪。这一转变都是在气的牵制下完成的。如果一个人能够立定志向，就不会轻易受到气的影响。"只有立下以志胜气的决心，才能在养气的过程中克服遇到的困难。

（二）谨守礼法

在二程看来，要涵养气质，首先就要谨守礼法。在这方面，程颐总是规规矩矩，一丝一毫也不敢放松。在生活中，他也会以此严格要求别人。从下面这个故事中，你就能发现这一点。

有一次，程颐与韩维一起在西湖游玩。当时，韩维的几个儿子陪同他们游览。一开始，大家都很高兴。可是，好景不长。在游览的过程中，韩家的几个年轻人不仅大声喧哗，还你追我赶地打闹。看到年轻人的举动，程颐心里很不高兴，脸色越来越难看。程颐不愿马上批评对方，让大家扫兴。可是，几个年轻人却没有发现程颐脸色的变化，依然我行我素。后来，程颐终于忍无可忍了，就转过头去厉声呵斥几个年轻人，说："你们几个晚辈跟随长辈出游，怎么能这么放肆。韩家孝顺严谨的家风被你们毁光了。"韩维一听，知道自己的儿子太放肆了，就把儿子们大骂了一顿，并把他们打发回家去了。

可见，程颐是个眼睛里容不下一点沙子的人。对于违反礼法的事情，他总是挺身而出，马上予以纠正。在主持司马光的葬礼和祭礼时，他又为此和苏轼等人发生了激烈冲突。

司马光死后，碑文是由苏轼写的，葬礼是由程颐主持的。为纪念司马光，程颐写了一篇名为《为家君祭司马温公文》的祭文。过了几天，朝廷打算先在京城南郊举办安放宋神宗灵位的吉礼，再为司马光举行葬礼。在吉礼结束之后，很多官员打算直接去吊唁司马光。在他们进了司马家的大门后，却被程颐拦住了。程颐说："子曰：'是日哭则不歌。'诸位刚刚参加完吉礼，不宜再来吊唁。今日请回，明日再来吧。"苏轼反驳说："孔子说的是'哭则不歌'，并没有说'歌则不哭'。程先生，您太迂腐了吧。"程颐丝毫不示弱，反驳说："'哭则不歌'暗含'歌则不哭'。"苏轼等人只好很不高兴地回家了。就这样，程颐和苏轼产生了矛盾。

葬礼结束后，朝廷又为司马光举行了祭祀典礼。范祖禹问程颐说："先生，请问祭品是用素食还是肉食呢？"程颐说："祭日距离葬礼仅有几天时间，还是上素食吧。"苏轼调侃说："程先生又不信佛，为何要用素食祭祀司马温公呢？"程颐反驳说："按照礼仪，丧葬期间要禁绝酒肉。祭日是丧礼的延续，也不能吃肉。"苏轼也毫不让步，大声说道："你太僵化了。司马温公生前也不是一直吃素的。我看不仅应当用肉食来祭祀，吃饭也应该吃肉食。为刘氏者左袒。"说完后，他就举起左手，带着黄庭坚等人去了东厅。看到恩师和苏轼相持不下，范祖禹赶紧对程颐说："司马温公不会计较此事的。苏先生喜欢吃肉，就由他们去吧，我们这些学生跟着您吃素。"到了吃午饭时，苏轼等人在东厅吃肉，程颐带着弟子在西厅吃素。

苏轼和程颐之所以会发生激烈冲突，关键在于二人对待礼法的态度不同。苏轼是个随心所欲的人，程颐却是个循规蹈矩的人。在二程看来，要想涵养气质，除了谨守礼法之外，还得将潜移默化和持之以恒结合起来。

（三）自然而然

在涵养气质时，我们切不可急于求成。要想取得良好的效果，我们就应该采取自然而然的策略。所谓"自然而然"，就是将潜移默化和持之以恒相结合。

在程颐看来，潜移默化的过程就是涵养气质的过程。在担任崇政殿说书的时候，他经常给皇帝提建议，下面这些都是他的建议。在选择太监的时候，皇帝应该选择年龄在四十岁以上的、老成持重的人，这些人可以随时给皇帝一些规劝，不会让皇帝接触到奢侈物品和飞短流长。太后也应该选择德高望重的儒者和品行优良的少年陪伴皇帝左右，以便"涵养气质，熏陶德性"。此外，皇帝的一举一动都要告知讲官，以便随时规劝。

平心而论，程颐的建议不无道理。俗话说："近朱者赤，近墨者黑"，如果皇帝整天接触老成持重的人，自然也会在潜移默化中变得稳重起来。如果皇帝整天和心术不正的人混在一起，当然就会被带坏了。可是，年少贪玩的宋哲宗听不进程颐的逆耳忠言，有些朝臣也觉得程颐迂腐。

涵养气质不仅需要潜移默化，还需要持之以恒。对于这一点，程颢深有体会。在十六七岁的时候，他生活在湖北黄陂。当时，他非常喜欢打猎，整日忙于骑马射箭，希望能够多打猎物。后来，他潜心钻研儒学，很少去打猎了。有一天，他对周敦颐说："先生，我现在已经不喜欢

91

打猎了。"周敦颐说："没有这么容易。你喜欢打猎的心思只是暂时被压抑了。如果有一天看见别人打猎，你就可能会想起年少时打猎的快乐，也很可能会像以前一样喜欢打猎。"12年后，程颢在回家的路上看见别人在田野中打猎，心里便开始痒痒起来，恍然大悟，明白原来自己喜欢打猎的心并没有改变。

只有将潜移默化和锲而不舍结合起来，我们才能在养气时取得良好效果。如果我们没有恒心，就无法涵养自身的气质。如果我们能够坚持涵养气质，就可以取得明显效果。

四、顺理而为

在二程看来，做人应该顺理而为。所谓"顺理而为"，就是要求人们在生活中时时处处遵循天理。礼义是天理在道德上面的具体表现，遵从礼义就是遵循天理。反之，如果不能节制欲望，就会伤天害理。

（一）克己复礼

孔子说："克己复礼为仁。一日克己复礼，天下归仁焉。"意思是说，如果一个人能够克制自己的私心、私欲；凡事皆遵从礼仪，就可以成为仁者。在自己成为仁者后，我们还要关爱他人，让天下人都成为仁者。对于孔子的思想，程颢和程颐做了继承和发展。

韩维曾经与程颢讨论克己复礼，说："克己复礼中的'克'和道不是一回事。道不需要去克。"持国是韩维的字，程颢说："在圣人，则无事可克；今日持国，须克得己便然后复礼。"意思是说，圣人不需要克己复礼，就能举止都合乎天理。可是，韩维还是需要克己，才能复礼，才能让自己的行为合乎天理。在程颢看来，礼仪和天理是相通的，他说："视听言动，非理不为，即是礼。礼即是理也。"意思是说，礼仪就是天理在日常生活中的表现，如果一个人能时时处处遵循礼仪，那就是在遵从天理。听完程颢的点拨，韩维恍然大悟。

另一次，唐棣问程颐说："先生，克己复礼，如何是仁？"程颐回答说："非礼处便是私意。既是私意，如何得仁？凡人须是克尽己私后，只有礼，始是仁处。"意思是说，私心杂念就是违背礼仪的行为。如果一个人有了私心杂念，就无法成为仁者了。作为凡人，我们必须去除自己的私心。只有一切都按照礼仪来做，我们才能慢慢向仁者靠拢。人类不仅应该关心自身，还应该善待大自然。只有善待自然，才能让万物各行其道、各得其所。

总之，二程认为，礼仪就是天理的化身。如果一个人

93

的行为能合乎礼仪的要求，那么他就是遵循了天理。在他们看来，只要满足人们的基本生活需要就是符合天理的；而追求奢华生活，则会使人堕入人欲的泥潭中。下面，我们来探讨二程对于天理与人欲的理解。

（二）存天理灭人欲

程颐一向反对奢华的物质生活。有一次，张绎向他请教说："先生，您经常要求我们要分清理欲。我有个问题，天理与人欲的区别在哪里？是不是所有的欲望都要反对呢？"他回答说："天下之害，无不由末之胜也。峻宇雕墙，本于宫室；酒池肉林，本于饮食；淫酷残忍，本于刑罚；穷兵黩武，本于征讨。"意思是说，一个人一开始可能只是想衣食住行等基本需要，但如果他不加节制，就可能会骄奢淫逸。比如，一个人肚子饿了要吃饭，冷了要添衣。这些都是维持人生存的基本需求，自然属于天理的范围了。可见，他反对的是无限膨胀的物质欲望。他认为，如果一个人希望穿上华衣美服，希望住上广厦千间，那么这就属于"人欲"了。张绎说："先生，感谢您的教诲。我明白了，衣食住行等基本生活需要属于天理，而奢侈浪费则变成了人欲了。以后，我一定厉行节俭，做一个服从天理的人。"需要说明的是，二程对天理人欲的分辨，初衷是为了约束皇帝、官员等统治阶层。可是，在实际操作时，统治阶层却往往利用它来维护皇权，并压制民众的正当要求。

可见，程颐并不主张禁欲，只是反对奢侈浪费。遵从天理，就是要求每个人承担起应尽的责任。在注解《周易》时，程颐说："夫有物必有则，父止于慈，子止于孝，君止于仁，臣止于敬。万物庶事莫不各有其所，得其所则安，失其所则悖。"在程颐看来，每一个人都有其必须遵循的规则。作为父亲，对待子女就要慈爱；作为子女，就要孝顺父母；作为君主，就要做个明君；作为臣子，就要做个忠臣。在古代，圣人之所以能够垂衣而治，就是因为他能够顺应天理的要求，能够让人们找到自己的位置、做好自己的本分。二程还要求人们找准自己在宇宙中的位置，节制自己的物质欲望。在获取生活、生产资料时，人类不应打破自然界的生态平衡。

总之，尽管上述道德修养工夫乍看起来各有特色，但它们都是为了帮助我们认识天理和遵循天理去生活。因此，它们可以说是殊途同归啊，它们的共同归宿都在于提高个体的人生境界。有人可能会问，二程的人生境界到底包括哪些内容呢？在下一章，我们将对此加以探讨。

第五章

超凡入圣

在成年之后，正如二程母亲所预料的那样，程颢和程颐走出了略有差异的人生轨迹。程颢年纪轻轻就中了进士，并顺利踏入仕途。此后，他不但在仕途上取得了傲人的政绩，而且在学术研究和教书育人方面取得了骄人的成就。

与哥哥不同，程颐没能通过科举考试。前文提过，在太学读书时，他写了一篇名为《颜子所好何学论》的文章，并在其中说明了自己对人性的理解。在这篇文章中，他不仅论述了自己的人性观，还阐述了自己的人生境界和思想。这篇文章使他受到了太学主持胡瑗的青睐，并让他名闻天下。紧接着，他担任了太学的学职，并且收了朝中重臣吕公著的儿子吕希哲做入门弟子。从此，他放弃科举，潜心研究学术，并把主要精力放在了教书育人方面。

有人可能会问，为何年纪轻轻的程颐能够得到胡瑗和吕公著的赏识呢？在当时，儒家学者喜欢探讨何为孔颜乐处的问题。在周敦颐处求学时，程颐就开始了对这一问题的思考，并在后来形成了自己的独到见解。胡瑗对程颐的赏识也正是基于这一点。下面，我们就来谈谈二程的人生境界。

境　界

　　境界，泛指一个人的思想觉悟和道德修养。在古代，"境界"具有界限、境况、意境等意义。在作"意境"讲时，境界指的是某一事物所达到的程度或表现出来的情形。在佛教中，"境界"往往指的是修行所达到的水平和高度。在儒学中，"境界"指的是一个人在道德修养方面所达到的层次。周敦颐说："圣希天，贤希圣，士希贤。"他将人生境界分为士人、贤人和圣人三个层次。在人生境界方面，二程受到了周敦颐的影响。

一、孔颜乐处

　　在跟随周敦颐学习时，程颢和程颐经常思索何为孔颜乐处的问题？这一问题也值得今人认真思考。

（一）天壤之别

　　程颢和程颐都对颜子极为推崇。在《和邵尧夫打乖吟》的组诗中，程颢写道："陋巷一生颜氏乐，清风千古伯夷贫。"尧夫是邵雍的字，这组诗是程颢唱和邵雍的诗歌的产物。在诗中，程颢表达了对颜回和伯夷的推崇。

在孔子周游列国的时候，他经常遭遇困境。有一次，孔子带领弟子待在陈国和蔡国之间。楚国国王听说后，就派人携带礼物来聘请。听说此事之后，陈国和蔡国的一些大夫很不高兴。他们心想："孔子是个很有才华的人，对国家大事有透彻认识。他在我们两国之间待了好几年，对于我们的做法肯定很不满意。如果放他去楚国，就会给我们带来麻烦。"于是，陈国和蔡国的大夫就派兵把孔子围困起来。结果，孔子和弟子们有七天都没有吃上饭，有些身体不好的弟子都生病了。即使面对如此困境，孔子依然弦歌不辍。可见，孔子是个乐天知命的人。在人生境界方面，孔子已经达到了"不勉而中，不思而得"的圣人境界，可以"从心所欲而不逾矩"。

在陷入困境之后，其他弟子多少对儒学有所怀疑，唯有颜回依然对孔子及其学说很有信心。在孔子的弟子中，颜回是最聪明的一个。自14岁拜孔子为师之后，他终身跟随孔子学习，并成为孔子最得意的门生。虽然他的居住条件极其简陋，日常饮食也极为简单，可是他感觉很快乐，并不断提高自己的人生境界。在孔门弟子中，他的德行是最高的。孔子曾经赞扬他说："一箪食，一瓢饮，在陋巷，人不堪其忧，回也不改其乐。贤哉回也！"

对于聪明好学的颜子，程颢非常推崇。他说："欲学圣人，且须学颜子。面对简陋的生活条件，其他人往往会无法忍受，可是颜回却能够自得其乐。"原因在于颜子的快乐不在于物质生活的满足，而在于精神的自由和心灵的快乐。

虽然颜子了解孔子的圣人境界，却还没有达到这一境界。程颐说："'不勉而中，不思而得'，与勉而中，思而得，何止有差等，直是相去悬绝。"在他看来，圣人的人生境界是"不勉而中，不思而得"的；而贤人的境界则是"勉而后中，思而后得"，二者之间差距悬殊。虽然颜子能够自觉按照天理的要求来做事，可是他还需要通过道德践履才能达到圣人境界。可见，颜子是个"勉而后中，思而后得"的人。从表面上看，颜回的人生境界和孔子的只有咫尺之遥，实际上，孔颜的人生境界差距却是云泥之别。

小专题 15

圣人

在古代，圣人是见识超群、道德完善的理想人物，是真、善、美的化身。能够称得上圣人的有尧、舜、禹、汤等古代帝王，伊尹、傅说、周公等贤臣，还有孔子、柳下惠、伯夷、叔齐等道德高尚、造诣高深的人。至于颜回、曾子、子思、孟子等人并不算圣人，只是接近圣人境界的贤人。后来，民间也把各行各业的精英称为圣人。例如，关羽被称为武圣，陆羽被称为茶圣。

小专题 16

贤人

在古代，贤人指的是才德兼备的人。传说孔子"弟子三千，贤人七十二"。在这七十二个弟子中，每个人的成就各不相同。在孔子看来，颜回、闵子骞、冉伯牛、仲弓四人以德行见长，宰我、子贡以辩才见长，冉有、子路以精于政事见长，子游、子夏以文学见长。后来，这十名弟子也被人称为孔门十哲。在这些人中，二程对颜回和曾子等人最为推崇。

总之，孔子和颜回的快乐不是物质享受，而是精神快乐和心灵自由。二程所说的"孔颜乐处"，也就是要求我们超脱物质生活的困窘，寻求精神生命的满足。

（二）雄才大略

二程把孔子看成是圣人的化身，把颜子和曾子看成是贤人的代表。在今天，人们往往把孟子尊称为"亚圣"。

101

有人可能会问，二程对孟子持什么态度呢？

在孔子死后，儒家就开始分裂了。在儒家学派内部，即使面对同一问题，不同的派别也往往有大相径庭的看法。据说子思继承了孔子的学说，写了《中庸》。在子思之后，孟轲继承和发展了前人的研究成果，批判了墨子和杨朱等人的错误观念，建立了儒家的心性学说。虽然墨子的兼爱也是出于善意，可是在实际操作中却容易导致亲疏不分。虽然杨朱的本意是为了维护个人的利益，可是在具体实施中却易于造就极端自私、放弃责任的人。因此，孟子对墨子和杨朱的批评，也有一定的道理。

二程认为，孟子对杨朱和墨子的批评，具有拔本塞源的功效。有一次，程颢在讲学时说："大禹和后稷都对人们的生产具有重大功绩。对于儒家来说，孟子的功绩可以与大禹、后稷相提并论了。经过孟子的批评，人们才知道杨朱和墨翟到底错在哪里。现在，佛教和道教对儒家的冲击远非杨朱、墨翟当年可比。"可见，二程对孟子在发展儒学方面的功绩非常推崇。

与此同时，他们又对孟子的人生境界提出了批评。程颢说："虽然孟子视野开阔，又有舍我其谁的雄才大略，但他是一个锋芒毕露的人。在待人接物方面，孟子不如颜子平易近人。如果一个人有了颜回的德行，就自然而然可以有孟子一样的功绩。"程颐说："颜子是个气象浑厚的人，孟子却是个英姿勃发、豪气干云的人。正是因为孟子的英姿勃发和雄才大略，他才比不上孔子和颜回啊。虽然孟子有一些缺点，可是却不会影响他的伟大。"

看来，二程都对孟子的人生境界颇有微词。有一次，唐棣问程颐："先生，假如孔子和孟子是同一时代的人。那么，孟子是会和孔子并驾齐驱呢，还是会向孔子学习呢？"程颐回答说："颜子的境界尚且远远比不上孔子。颜、孟虽无大优劣，观其立言，孟子终未及颜子。"意思是说，从孟子的言语中，我们就能看出他的人生境界。孟子的人生境界离颜子还差得远呢，因此他并不能算是一个贤人。

小专题 17

气象

气象是圣贤拥有的人格特质，是一个人的胸襟、德行、境界等内在特质的外在表现。二程说："有诸中必形诸外，观其气象便见得。"意思是说，如果一个人达到了一定高度的人生境界，就能展现出独特的人格气象。程颐说："仲尼具有天地气象，颜回具有和风庆云一样的气象，孟子的气象就像高耸入云的泰山一样。"在二程看

103

来，仲尼、颜回和孟子分别代表了圣人、贤人、大才之人的人格气象。

（三）言行如一

前文说过，二程在人格气象上有着明显差异。笔者认为，他们的人格气象又是其人生境界的外在表现。下面，我们就来分别探讨他们人生境界的异同。

程颢天分很高，年轻时就表现出了遇事从容、平和快乐的圣人气象。在与人相处时，他会给人一种雨过天晴、阳光明媚的感觉。他曾经写过两首名为《秋日偶成》的诗歌。其中一首写道："闲来无事不从容，睡觉东窗日已红。万物静观皆自得，四时佳兴与人同。道通天地有形外，思入风云变态中。富贵不淫贫贱乐，男儿到此是豪雄。"据说这首诗写于程颢四十三岁时，从字里行间，我们能够感受到他的快乐。这种快乐不仅体现在人与自我和谐、人与他人和谐，还表现为人与大自然的和谐。获得这种快乐的人，用程颢的话说，就是"浑然与物同体"的仁者。

与程颢不同，程颐待人庄重严肃，让人望而生畏，在年轻时便展现出贤人气象。有人问他说："先生，您一生谨守礼法，应该很辛苦吧？"程颐回答说："我每天严格遵循道德规范，每天都感到心安理得，怎么会辛苦呢？那些不守礼法的人时时都提心吊胆，他们才是真正辛苦啊。"到了晚年，由于达到了圣人境界，程颐也展现出了平易近人的圣人气象，但他始终缺乏从容、快乐的人格气象。例如，他一直不喜欢写诗作词，与他交往的哲学家也从不勉强他写诗。

在很长一段时间里，程颢和程颐居住在洛阳城里的履道坊。当时，他们与司马光、吕公著、邵雍等人来往密切，并结下了深厚的友谊。在与人交往时，程颢写了不少诗歌。在一次与范景仁、韩维等人游许昌小西湖时，程颢就与他们进行了诗歌唱和。韩维写了四句诗："曲肱饮水程夫子，宴坐焚香范使君。顾我未能忘旧乐，绿樽红芰对西曛。"程颢赞叹说："好诗，好诗！"其他人催促程颢说："明道，我们早就知道你会作诗。请你做首诗。"望着湖中的荷花，程颢不假思索地吟了四句诗："对花酌酒公能乐，饭糗羹藜我自贫。若语至诚无内外，却应分别更迷真。"听完程颢的诗歌，其他人纷纷赞叹说："早就知道明道善写诗歌。今日一见，果然名不虚传啊。"程颢谦虚地笑着说："各位谬赞了。"

总之，二程在人格气象上有差异。程颢和程颐不但探讨了人生境界，而且还成功地把这些探讨融入了自己的生

云淡风轻过午天，傍花随柳过前川。
时人不识余心乐，将谓偷闲学少年。

春日偶成

活之中。他们将学问融入了自己的生命，是言行合一的人格典范。

二、曾点气象

"曾点气象"是宋代以后儒家学者津津乐道的名词。那么，到底什么是"曾点气象"？它与圣贤气象有何差异呢？

（一）人各有志

程颐经常要求学生体会圣贤气象。有个学生问："什么是圣贤气象？"程颐回答说："要回答这个问题，首先我要给你们讲讲孔子对子路等人志向的评价。"

有一天，子路、冉有、曾点和公西华陪孔子坐着聊天。孔子说："我比你们年龄大了很多。平时你们经常说，没有人了解你们。正好今天有空，请你们谈谈自己的志向。不要因为当着我的面，就不敢说话了；大胆说，不要有什么顾虑。"孔子刚刚说完，鲁莽的子路就大声说："先生，我先说吧。如果有这样一个国家，它拥有千乘兵车，却被外敌入侵，又遭遇了大饥荒。如果给我治理机会，三年时间就可以让它大变样。国民不仅会勇敢地抵御外敌，还会懂得君明臣忠、父慈子孝、兄友弟恭等做人的

鼓瑟希，铿尔，舍瑟而作，对曰：「异乎三子者之撰。」子曰：「何伤乎？亦各言其志也！」曰：「暮春者，春服既成，冠者五六人，童子六七人，浴乎沂，风乎舞雩，咏而归。」夫子喟然叹曰：「吾与点也。」

曾点气象

道理。"听完子路的话,孔子微微一笑,说道:"冉有,你有什么志向啊?"。

冉有洒脱地说:"如果让我来治理一个方圆六七十里的国家,三年就可以把它变得国强民富。可是,礼义教化等工作却不是我的长处,只有等到贤人君子来完成了。"孔子听完后,询问公西华说:"你有什么理想?"公西华谦恭地说:"先生,我不敢说能做些什么,我只是愿意学些事情。在宗庙祭祀、诸侯会盟等重要场合,我愿意穿戴起得体的服饰,做一个小官。"听完他的话,孔子回头看了看正在鼓瑟的曾点。

这时,曾点的乐曲即将弹奏完毕。一曲终了,他放下瑟,直起身子来说:"先生,我的想法和他们的略有差异。"孔子用诚挚的目光注视着他,说道:"你说说看。"曾点说:"在天气已经比较暖和的暮春时节,我希望叫上三五好友,带着几个童子,一起到沂河里面快乐地游泳。之后,我们一起到祭祀求雨的舞雩台上去惬意地休息,再一块唱着歌曲欢乐地回家去。"听完曾点的话后,孔子叹了一声气,说道:"你们的看法各有差异,真可谓'人各有志'啊。至于我的愿望,则是和曾点的相似。"表面上看来,曾点只是描绘了一幅春游的场景。实际上,曾点所追求的是实现天下太平,希望万物各得其所。程颐对于曾点气象非常推崇，曾经多次与学生进行讨论。

有一次，程颐又与学生谈起了曾点气象。他说："子路说：'愿车马，衣轻裘，与朋友共，敝之而无憾。'颜子说：'愿无伐善，无施劳。'孔子曰：'老者安之，朋友信之，少者怀之。'从这些言语中，我们就能看出圣贤气象的差异。在阅读经典时，你们要学会体味圣贤气象。"下面，我们来分析他们三人的不同志向。

子路能够与志同道合的朋友合作共赢，是个胸有大志的人。颜回不愿意夸耀自己的长处，不愿意强调自己的功劳，是个懂得仁爱的贤人。孔子能够从对方的切身利益和需要出发，去考虑问题。对于老年人来说，养老问题才是他们最为关注的，孔子希望老年人都能够得到良好的物质赡养和精神抚慰。对于朋友来讲，讲求诚信是最重要的，孔子希望每个人都能讲求诚信，都能够从友情中获得欢乐。对于年轻人来说，事业发展是最重要的，孔子希望年轻人都能得到伯乐的赏识，能够人尽其才。总之，孔子能够了解对方的需要，希望他们能够实现自身的理想。

在程颐看来，子路的人生境界是最低的，颜回的人生境界比子路高，孔子的人生境界是最高的。孔子是达到天地境界的圣人，颜回是处于道德境界的贤人，子路是处于功利境界的有志气的君子。因此，曾点气象也是圣贤气象的同义词。要达到圣贤气象，我们还要学会宽宏大量。

（二）宽宏大量

二程认为，人们的气量确有大小的差异。孔子的度量就像天地一样广阔。作为普通人，我们应该效法圣人，做一个宽宏大量的人。无论是在给皇帝讲学时，还是在评判人物时，程颐都是以宽宏大量为标准的。

在宋初，为了获取读书人的支持，宋太祖赵匡胤立下了不杀一个读书人的戒律。因此，在两宋时期，读书人的地位很高。与此同时，儒家学者对皇帝也很忠诚。他们希望能够"格君心之非"，培养出一个好皇帝，进而使天下获得长治久安。程颐也抱有这样的信念。

有一次，在给哲宗讲学时，程颐提起了每个人都应该有仁爱之心。他说："皇上，听说您在宫里面就是一个注重小节的人。"宋哲宗说："爱卿，不知道您说得是哪件事？"程颐说："皇上，听说您在用水洗漱时，非常注意细节。在吐水时，您注意避开蝼蚁，免得伤生害命。不知道有无此事？"听到有人肯定自己，宋哲宗高兴地说："确有此事。"程颐趁机说："皇上，从这件小事，我们就可以看到您宽宏大量和泽民爱物的胸怀啊。如果您能在

111

政事上也推广这样的仁爱之心，那便是天下的大幸！"宋哲宗听完之后，打心眼里佩服程颐的机智和认真，并下决心做一个勤政爱民的好皇帝。

作为统治者，皇帝自然应该宽宏大量。作为大臣，也要有容人之量。可是，宋代的一些大臣却往往忽略了这一点。在讲学时，程颐要求学生以向敏中为戒，做一个虚怀若谷的人。人们可能会问，向敏中哪些地方做错了呀？

向敏中是个很有才华的诗人。在中了进士之后，他先后担任过工部郎中、同平章事等官职。到了宋真宗做皇帝的时候，他被任命为宰相。由于他既不与人结党，也不喜欢宴饮，当时的人都夸奖他有见识、有度量。在史学家薛居正去世后，皇帝去看望他的儿子薛惟吉，嘱咐他不要卖掉老宅。此后，薛惟吉生了两个儿子薛安上、薛安民，还娶了后妻柴氏。向敏中看上了薛家的老宅，就低价从薛惟吉手中买了过来。由于此事有违皇帝的旨意，买卖双方都秘而不宣。

在薛惟吉死后，很多家产都被柴氏掌握。柴氏希望嫁给宰相张齐贤，却被两个继子阻拦。在张家人的怂恿下，柴氏到开封府击鼓鸣冤。她状告宰相向敏中低价购买薛家旧宅，还曾经向自己求婚。在被拒绝后，向敏中就鼓动薛安上、薛安民阻拦继母改嫁。由于此案牵扯两个宰相，此事很快闹得满城风雨。听说此事后，宋真宗亲自出面查究此。向敏中承认买宅的事，却否认有续弦的打算。可是，王嗣宗告发说："向敏中已经与王承衍的妹妹订下婚约，只是尚未迎娶。"皇帝派人去王家求证，结果发现向敏中确实已订了婚约。看到向敏中居然欺瞒自己，皇帝很生气，就把他贬为了户部侍郎。而柴氏、张齐贤等人也受到了轻重不一的处分。直到此时，人们才知道向敏中的度量其实也不过如此。鉴于向敏中的表里不一，程颐对他提出了批评。

在谈论人的肚量时，程颐还提到了王随。年轻时，王随生活很拮据。有一次，他在山西翼城欠了别人饭钱，被抓进了县衙。当时，石务均的父亲在县衙里做小吏，石父不但帮助王随还清了欠款，还把他带回家热情招待，石务均与他结成了朋友，石母也非常关心他。王随对石家人很感激。有一天，石务均喝醉了酒，强迫王随跳舞。由于王随不谙音律，无法跟上节拍，石务均就把他打了一顿。王随生气地离开了石家。第二年，王随中了进士，后来又被皇帝任命为河东转运使。石务均听说后，非常害怕，不敢与王随见面。等到文彦博做了翼城县令，石务均犯了罪，被衙役追捕。又值石父去世，万般无奈之下，石务均只得向已经做了御史中丞的王随求救。王随不计前嫌，派人携带一锭银子送到石家，嘱咐石务均妥善安葬父亲。得知石务均是王随的朋友，县令也放弃了追捕。得知此事之后，皇帝不无赞赏地说："王随真是一个有道德的人啊。他的度量值得普通人效法。"等到王随做了宰相，萧端公带了礼品来求官，希望能够担任三路转运使。王随非常鄙视此种行为，又不好当面驳斥他。在萧端公离开后，王随对家里人说："萧端公真是没有自知之明的人啊。他也不撒泡尿照照自己。有什么能耐，他居然想做三路转运使。"

在讲完王随的故事之后，程颐评论说："做人一定要善始善终啊。即使你贵为宰相，也不能糟践别人。"因此，每个人都应该扩充自己的肚量，不但要关爱他人，还要善待大自然。

（三）圣贤气象

在教学时，程颐经常要求学生体会圣人气象。那么，什么是圣人气象呢？下面，我们就来看程颐的解释吧。

有一次，一个学生问程颐说："先生，您常常要求我们体会圣人气象，不可只看经典的字义。不知道什么才是圣人气象？您能不能给我们讲讲？"程颐说："东汉士人尚名节，只为不明理。若使明理，则皆是大贤也。"意思是说，在东汉时期，士大夫虽然重视名节，却不懂得天理。如果汉代经学家懂得天理，就能够展现出贤者气象来。他又说："自汉以来，惟有三人近儒者气象：大毛公、董仲舒、扬雄"。意思是说，在汉代以来的儒者中，只有毛苌、董仲舒和扬雄有几分儒者气象。在二程看来，汉代的经学家重视气节，却压抑了个人的真性情。到了魏晋时期，士大夫开始重视自我，彰显自我意识，流露真性情。为了凸显魏晋士大夫的人格气象，后人将其称为魏晋风度。在宋儒看来，名士的放浪形骸不值得后人效法。

有个学生问："先生，您讲的圣贤气象与汉儒气节和魏晋名士有什么差异啊？"程颐说："所谓圣贤气象，是二者的优点结合起来，是一种群体意识和个体气象并重的人格特质。在了解圣贤气象之后，你们还应该效法先贤。"又有人问："怎么效法古圣先贤呢？"他回答说："在阅读《论语》和《孟子》时，你们要牢记'书读百遍，其义自见'的道理。在读书时，你们不仅要读出文字背后的义理，还要将圣贤教诲与自身实际相结合，努力做到学以致用。"听完程颐的回答之后，学生们都感到深受启发。

一次，在讲学时，程颐感慨地说："诸葛亮有儒者气象"。接下来，他给学生们讲述了诸葛亮的故事。

诸葛亮，字孔明，号卧龙，是三国时期的军事家、文学家和政治家。他年轻时常以管仲、乐毅自比。听说他是个懂得天下大势、能够治国安邦的奇才，刘备就三顾茅庐请他出山。在与刘备交谈时，诸葛亮提出了三分天下的计策。在赤壁之战中，诸葛亮说服孙权联刘抗曹，终于打败了不可一世的曹军。此后，他辅佐刘备，为蜀汉的兴盛尽心竭力。刘备死后，他又倾力辅佐刘禅，为恢复汉家天下而呕心沥血。最后，他死在了五丈原。诸葛亮的一生真可谓是"鞠躬尽瘁，死而后已"。

程颐对诸葛亮很佩服，评价说："诸葛亮希望能够在有生之年击破魏国，恢复汉家天下。可是，天不遂人愿。没等他实现自己的抱负就去世了。诸葛亮确实有儒者气象！"在当时，孙觉不同意程颐的意见，说道："孟子说：'行一不义，杀一不辜，而得天下，皆不为也。'孔明在南征北战时杀了多少人啊，怎么能说有儒者气象呢？"程颐回答说："如果为了个人的私利而杀人，那是应该谴责的。可是，孔明杀人是为了消灭曹贼，是为了光复汉家天下。他是出于公心，不应该受到谴责。"可见，二程并不一味反对战争，只是主张战争要出于公心。

总之，程颢和程颐提出了独具特色的人生境界。即使身处全球化时代，这些思想仍对我们有启发意义。

三、道不同不相为谋

与纸上谈兵的赵括不同，程颢是一个兼具理论功力和实践才能的书生。他在做官期间大力推行教化，又积极兴办学校，希望能够实现修齐治平的社会理想。对于王安石的变法，他也站在理学家的立场上，提出了不同意见。

（一）付诸实践

在担任县官的时候，程颢不但注重传播儒学，还经常通过判案来教化百姓。不论是在晋城还是在扶沟，他对当地的移风易俗、社会治理都下了很大功夫。

在刚开始担任晋城县令的时候，他发现当地参加科举考试的人很少，而且参加的人也几乎年年名落孙山。为了传播儒学、教化百姓，他带领民众先后建设了一座书院、七十二所乡学和几十所社学，有力地推动了当地教育的发展。如果有民众来打官司，他就在判案时，借机让民众学习做人的道理。对于闹别扭的邻里，他会教育两边和睦相处、守望互助；对于婆媳不和、兄弟不睦等家庭矛盾，他会劝导双方孝顺父母、兄弟友爱。在工作之余，他不仅亲自给儿童用的儒学读本做句读，还给他们讲授儒学。在完成启蒙教育之后，有天分的学生还会被送入县学深造。

117

在程颢的努力之下，不但晋城当地通过科举考试的人数比以往大大增加，而且连整个三晋大地都受到了正面影响。在他任满离开的时候，晋城老百姓夹道相送。程颢在晋城传播儒学、发展教育的努力不但在当时产生了很大影响，而且给后世也留下了不可磨灭的印迹。

在担任扶沟县知县时，程颢也积极兴办书院、教化百姓。在当地，流传着不少有关他的故事。下面，我们就来讲一个他巧断家务事的故事。

在他走马上任的当天，扶沟发生了一件轰动县城的事情。当时，有个叫素巧的年轻媳妇负气上吊了，幸亏发现得早，被人救活了。你要问，她为啥会上吊呢？故事还得从头说起。她的丈夫名叫熊大海，是个老实巴交的男人。她的婆婆王氏寡居多年，喜欢赌博，经常输钱。有一天，王氏在打牌时头晕目眩，一头栽倒在牌桌上。经过大夫的诊断，王氏需要吃甲鱼当归汤才能复原。在甲鱼汤炖好后，王氏怀疑儿媳偷吃了甲鱼肉，并怂恿儿子打骂媳妇。媳妇蒙受不白之冤，就赌气上吊了。

听说此事后，程颢想出一个妙招。他派人买来牛肉和栗子，让儿媳一起吃下去。很快，儿媳将自己吃的东西全都吐了出来。原来栗子和牛肉一起吃，会导致反胃、呕吐。经过差役检查，食物残渣中并没有甲鱼肉的痕迹。王氏一见此情此景，赶紧跪地认罪，原来是她趁家里没人时偷吃了甲鱼肉。

听完王氏的供述，程颢非常生气，下令衙役将王氏掌嘴四十，以儆效尤。素巧不忍婆婆受刑，就请求代替婆婆。看到儿媳争着替自己受刑，王氏不由得满面羞愧，表示自己甘愿受刑，还要痛改前非。看到王氏诚心悔过，程颢不由得转怒为喜。他走上前来将王氏搀扶起来，说道："知错能改，善莫大焉。你们两人都不用受刑了。我希望你们家从此婆媳和睦、夫妻恩爱。"围观的人群既佩服程颢的秉公办案，又深受教育。

可见，程颢不但发展了儒学，而且将儒家修身、齐家、治国、平天下的社会理想付诸了实践。

（二）诚挚恳切

与二程相同，王安石也认为，宋代社会出现了一些问题。可是，在如何解决问题方面，二程与王安石的思路却大不相同。

二程发现，宋代社会出现了一些问题，例如，物价较高、边患不息、官僚机构臃肿等。他们认为，要实现天下太平，就要推行仁爱，实行仁政，不应当讲求功利。与二程的看法不同，王安石打算通过暴风骤雨般的变革迅速扭转局势。虽然看法不同，可王安石对程颢却非常赏识。在刚开始推行变法时，司马光等人强烈反对，程颢虽然也不同意变法，却处事公允、态度温和。程颢、苏辙等人被调入制置三司条例司，具体参与了变法的筹备事宜。王安石派程颢到各地视察农田、水利、赋税等新政推行的情况。他发现，青苗法严重损害了百姓的利益，而免役法则获得了一定的效果。根据发现的问题，程颢诚恳地向王安石提出了建议。

后来，在吕公著的推荐下，程颢担任了太子中允、权监察御史里行。在担任御史期间，程颢建议王安石说："有人反对变法并不可怕。我们可以从中找出现有政策的偏差，避免在推行时出现重大失误。在任用官员时，您不可信任阿谀奉承的小人"。虽然王安石不完全同意程颢的观点，可他却非常佩服程御史的人品和见识。

总之，程颢和程颐反对青苗法，支持募役法。后来，在重新执政后，司马光打算彻底废除新法。二程明确表示反对，认为募役法值得保留。

在担任御史时，程颢得到了宋神宗的赏识。当时，以王安石为首的变法派与以司马光为首的反对派正闹得不可开交。有一天，宋神宗召见了程颢。在程颢向皇帝跪拜后，皇帝从龙椅上走下来搀起他说道："爱卿，你早就名闻遐迩。寡人早就想召见你了。"并问道说："依你之见，监察御史应该怎么当？"程颢不假思索地说："启奏圣上，监察御史应该拾遗补阙，向皇帝提出具有可行性的建议。如果监察御史像个长舌妇一样，对同僚挟私报复，就算是失职了。"听完程颢的话，神宗说道："你是真懂得御史的工作职责，希望你能够在变法派和反对派之间做好协调工作，使变法顺利推行。"程颢说："为臣一定会按照中庸之道来秉公处事的。"

宋神宗对程颢的回答非常满意，又询问说："爱卿，有没有什么人才可以推荐？"程颢回答说："舍弟程颐的学问比我好，值得推荐。此外，张载也是一位道德高尚、学识渊博的大儒，值得皇上重用。微臣希望陛下能够礼贤下士。"宋神宗又问道："依你来看，朝廷的当务之急是哪件事？"程颢不卑不亢地回答说："治国理政的关键，不外乎合乎人情和遵循礼义两件事。用功利之道来治国不是长久之计，实行仁政才是正途。"宋神宗对程颢的话表示认同，君臣相谈甚欢，时间过得飞快。等到程颢辞别皇帝的时候，时间已过了晌午。一位内侍对程颢说："程御史难道不知道已经到了皇上用午膳的时间了吗？"程颢一听，赶忙向内侍表示歉意。

总体而言，程颢和程颐提出了独具特色的人生哲学。他们希望社会中的每个人都能够成为圣贤，都能获得快乐和自由。即使到了今天，他们的人生哲学还具有时代价值。

小专题 18

仁政

孔子提出了"仁"的思想，认为君主应该爱惜民力，采取为政以德的治国方略。孟子将"仁"的思想落实到了政治层面，提出了"仁政"。孟子反对战争，谴责君主的横征暴敛，他认为君主要以民为本，要保障百姓基本的生活要求，还要减少赋税、不违农时。孟子看到了民心向背对国家兴衰的影响，提倡以实行仁政来统一天下。孟子还提出了王霸之辨，认为仁政是王道政治，苛政是霸道政治。

第六章

利在千秋

不管时代如何变迁，儒家文化都是中华民族的精神血脉。在儒学内部，由二程开创的理学又是其重要组成部分。虽然二程生活在九百多年以前，可是他们的思想仍然是我们建设现代化国家和复兴民族文化的思想资源。笔者认为，在生态保护、圣贤境界、讲求气节、中正之道和先公后私等方面，二程思想仍然可以给我们很多启示。

一、生态保护

北宋时期，由于百姓滥砍滥伐和毁林造田，森林和植被遭到了很大程度地破坏，自然环境不断恶化，水灾和旱灾时常出现。为了重新恢复已经遭到破坏的生态平衡，朝廷在工部设置了一个专门负责保护森林和山泽的虞部，还出台了一些保护森林资源、动植物资源的法令。二程对当时的生态恶化也予以了关注，并且向皇帝提出了建议。

（一）金玉良言

程颢曾经向皇帝上了一道名为《论十事劄子》的奏折。在这道奏折中，程颢从选材、兵役等十个方面，向皇帝提出了如何治理国家的建议。在谈到生态保护时，他说："古代的明君在治理国家时，设立了专门负责保护自然资源的山虞和泽衡。在春季，山虞只准人们砍伐枯枝，阻止人们砍伐还在生长的小树。与此同时，泽衡阻止人们携带网眼细密的渔网来打鱼，如果打上来的鱼不到一尺长，泽衡就让渔民把它放回湖里去。因此，竭泽而渔和焚林而猎的悲剧就不会发生。现在，我们大宋在自然资源利用方面犯了一些错误，我希望您能效仿古代明君，注意自然资源的保护。"程颢的观点对今人依然具有参考价值。

与程颢相似，程颐也很关注生态问题。他认为，"人之在天地，如鱼在水，不知有水，直待出水，方知动不得"。意思是说，人类在天地之间，就像鱼儿在水中一样。只有尝到了破坏环境的苦头，人们才会珍惜自然资源。既然鱼儿离不开水，那么人类也离不开大自然的庇护。因此，人们应该对自然保持敬畏，应当善待自然。二程反对为了经济发展的短期利益而让大自然变得满目疮痍。出于珍惜资源的考虑，他也反对实行厚葬。在他看来，如果实行厚葬，我们就会浪费许多人力物力。

（二）反对厚葬

在宋英宗去世之后，宋神宗打算实行厚葬。在替父亲

125

给皇帝草拟奏章时，程颐表示了反对。他说："皇帝陛下，先皇去世，您一定非常哀伤。您觉得给先皇建造一座雄伟的陵寝并加以厚葬，就是真正的孝顺。您的心情可以理解，可是做法却不大妥当。对于先皇来说，最大的孝顺莫过于让他安枕无忧，永远不被盗墓贼打扰。汉武帝死后，霍光主持修建了豪华的陵寝，并在棺椁中放满了珍贵的器物，等到赤眉军起兵之后，汉武帝的陵寝便被盗掘了。有见识的人都说，事情不能都怪罪赤眉军，也要怪霍光没有远见。魏文帝和唐太宗的陵墓至今仍然保存完好，原因就在于继位的君主懂得如何才是孝敬先皇，在下葬时没有放置名贵的物品。"

他又说："作为臣子，我希望您能效仿魏明帝的丧葬先例：凡是陪葬的明器都用瓦石或者木头制作，不在陪葬品中使用金、银、铜、铁等金属。即使是易于腐烂的丝织品，也不能多放。因为它们也可能会给陵寝带来灭顶之灾。不信请看薄太后的例子。在她入土时，汉文帝命人在陵寝中埋葬了大量的金子、玉石和丝织品为她陪葬。到了西晋末年，盗墓贼将薄太后陵墓给挖掘了，获得了不计其数的金玉和丝帛。我希望陛下能够听从逆耳忠言，妥善安排先皇的丧葬事宜。"

应该说，程颐的建议是颇有远见的。如果遵照他的建议，不但可以节省丧葬费用，而且可以根除盗墓的恶习，还有利于保护环境。

二、讲求气节

在古代，儒家大力倡导个人要讲求气节。孟子提出，仁人志士不能只考虑个人的利害得失，要有杀身成仁的勇气。文天祥就是坚守气节的典范。

文天祥，字履善，号文山，江西吉安人，生于公元1236年，死于公元1283年，是宋代著名的文学家、政治家。1256年，他参加了科举考试，并高中状元。由于父亲去世，他归家守丧三年。1259年，他开始踏入仕途，历任刑部郎官、江西提刑、赣州知府等职。在元朝入侵南宋时，他极力主张抗击元军。1276年，他奉命去元军大营谈判，却被对方扣留。后来，他侥幸逃回南宋，组织部队抗击元军。1278年，他兵败被俘。虽然敌人许以高官厚禄，可是他却坚守气节，决不投降。在狱中，他写下了声震寰宇的《正气歌》，"天地有正气，杂然赋流形。下则为河岳，上则为日星。于人曰浩然，沛乎塞苍冥。皇路当清夷，含和吐明庭。时穷节乃见，一一垂丹青"。在《过零丁洋》中，他写下了"人生自古谁无死，留取丹心照汗

127

青"的豪言壮语。1283年，他以身殉国。

　　直到今天，我们仍然可以从文天祥的诗文中感受到凛然正气。在当下，由于我们身处和平时期，不必像文天祥那样为国家献出生命；但我们若能够在工作中遵守职业道德，能在生活中做好自己的本分，这也是讲求气节的一种表现。

小专题 19

气节

　　气节，指的是一个人在恶劣环境中依然志向不改、坚贞不屈的志气和节操。孟子口中的"富贵不能淫，贫贱不能移，威武不能屈"的大丈夫，就是坚持气节的典范。五代时期，很多人缺乏气节。例如，冯道一生经历了后唐、后晋、后汉和后周四个朝代，总共侍奉过十个皇帝，可以说是毫无气节。到了宋代，欧阳修在编纂史书时，气愤地骂道："冯道这个家伙奉行'有奶便是娘'的处事原则，丢尽了天下读书人的气节啊。"为了重建社会秩序，理学家开始提倡气节。到了宋末，文天祥率兵抗击元军侵略，在被俘后誓死不降，被后人誉为坚持气节的榜样。

三、中正之道

在生活中，人们常说："做人要摆正位置。说话做事要到位。做人做事既不能越位，又不能失位。"可以说，中国人是最讲究位置的民族。在《伊川易传》中，程颐也提出做人应该找到自己的位置，并且时刻按照中正之道来要求自己。那么，什么是位置呢？

小专题 20

中正之道

在《周易》的六十四卦中，每一卦都由六爻组成。在六爻中，爻可以划分为阳爻和阴爻两类。其中，初爻、三爻、五爻所处的位置叫作阳位，二爻、四爻、上爻所处的位置叫作阴位。另外，初爻到三爻组成下卦，四爻到上爻组成上卦。在六爻中，二爻为下卦的中爻，五爻为上卦的中爻。如果阳爻处于阳位、阴爻处于阴位，就叫作当位；反之，如果阳爻处于阴位、阴爻处于阳位，就叫作失位。例如，《乾卦》九五爻为上卦的中爻，是阳爻居于阳位，可以叫作中正。因此，所谓"中正之道"，就是要求每个人不但要找到自己的位置，还要做恰当合理的事情。

（一）找准位置

所谓位置，就是一个人在日常的工作和生活中应把握的尺度和应遵循的行为规范。比如，儒家提出的"父慈子孝、兄友弟恭、夫和妻柔、姑慈妇听、长惠幼顺"，就是对每个人位置的界定。可惜，秦代之后，统治者将其扭曲为"君要臣死，臣不得不死；父要子亡，子不得不亡"，这一扭曲完全违背了先秦儒家的本义。到了今天，我们应该发扬先秦儒家的本义。在社会生活中，如果你做事符合分寸，那就是到位；你遵循了相应的行为规范，那也是到位。下面，我们来看看程颐是如何找准位置的。

与程颐不同，文彦博无时无刻不对小皇帝毕恭毕敬。当时，文彦博已经八十多岁了，在向皇帝奏事时，他总是恭恭敬敬地站立，即使皇帝赐座，他也坚持站着奏事。很多人都对文彦博的恭谨表示佩服。有个学生问程颐："先生，您是否对皇帝太放肆了？文彦博老先生是否对皇帝过于恭敬了？"程颐回答说："我不同意你的观点。我和文先生做得都很恰当。作为三朝元老，文彦博应该对哲宗恭敬一些，不然会有功高震主、居功自傲之嫌。而我作为一介布衣，应该让皇帝明白尊儒重道。"听完他的解释，学生们终于明白了先生的苦心。

　在生活中，我们应该像程颐一样，既在说话做事时找

元祐间，契丹使耶津永昌、刘霄来聘，苏轼馆客，与使入观。望见彦博于殿门外，却立改容曰：「此潞公也邪？」问其年，曰：「何壮也！？」轼曰：「使者见其容，未闻其语。其贯穿古今，虽专门名家有不逮。精炼少年有不如；其综理庶务，虽专门名家有不逮。」使者拱手曰：「天下异人也。」

文彦博站立奏事

汝若安徐，宁至踣乎

才数岁，形而或踣，家人急前扶抱，恐其惊谔。母未尝不呵之曰：「汝若安徐，宁至踣乎？」

程母教子

准位置，又要学会变通。要找到位置，我们就要学会尊重别人，把他人作为人格平等的主体。要找到位置，我们就要学会尊重别人的隐私，不做传播流言蜚语的长舌妇。要找到位置，父母就要在教育孩子时言传身教，子女也要做好对父母的物质赡养和精神抚慰。

（二）言传身教

《论语》云："其身正，不令而行，其身不正，虽令不从。"意思是说，做上级的、做父母的要重视言传身教，努力做到言行合一。在这方面，程母的教子方法值得今人效法。孟子说："孝子之至，莫大乎尊亲。"在如何孝敬父母方面，二程的告诫也值得我们参考。

首先，每个孩子都有不同的特点。父母应该根据孩子的特点和兴趣，有针对性地进行培养。程母不但了解两个孩子的特点，而且还给予了相应的教导。程母期望程颢能在科举考试中取得好名次。对于程颐，她只希望孩子能够刻苦学习，有所成就即可。后来，程颢果然中了进士。与此同时，程颐也没有辜负母亲的期望，成了名震天下的学者。

其次，父母不能溺爱孩子。二程兄弟能够成才，与其母的言传身教是离不开的。小孩摔倒了，她让小孩自己爬起来，从来不去搀扶，并批评道："早就告诉你，路要慢慢走。如果你慢慢走，就不会摔跤了。"每当孩子要吃美食时，程母总是制止他们，并教育说："要是小时候就讲究吃穿，长大了如何是好？"她还教育孩子，要尊敬师长、关爱朋友、和气待人。后来，二程回忆说："我们兄弟两个不讲究吃穿，不恶语伤人，都是母亲言传身教的结果。"即使按照今人的眼光，程母做得也很对。如果我们总是担心孩子犯错误，就可能会过度保护孩子，从而剥夺了他们在犯错误的过程中获得成长的机会。

最后，父母不能把孩子当成满足自己虚荣心的工具。在二程年幼时，黄陂出了个名叫姜应明的小孩，他年纪轻轻就中了举人被人们称为神童。姜家人也感到非常自豪，到处向别人炫耀自家小孩聪明。为了教育自家孩子，很多家长非常羡慕地带着孩子去看姜应明。可是，程母并不去凑热闹，冷静地指出神童未必能够成才。果不其然，后来姜应明犯罪坐牢了，程母常常以这个反面例子来教育孩子。

总之，在教育子女方面，父母既不能放任不管，又不能过于溺爱。只有把握好尺度和分寸，我们才能教育出独立自主、品学兼优的孩子。父母在教育子女时要尽心尽力，子女在赡养父母时也要尽心竭力。在如何孝敬父母方面，二程提出了许多见解。直到今天，这些见解仍然值得我们学习和借鉴。

首先，父母的生身之恩是天地间最大的恩情，每个人的身体都是由父母生就的，没有父母就不会有我们。因此，子女在孝顺父母方面不管怎么用心，都无法报答父母的养育之恩。子女应该爱惜自己的身体，不让父母担心。子女还应该关心父母的衣食住行。在父母生病时，子女要不惜重金请医生悉心治疗，并给予认真照料。二程认为，为了避免庸医害人，为人子女者应该粗通医术。总之，在父母健在时，子女要"事之以礼"。

其次，在父母死后，子女要妥善安葬。在为父母选择葬地时，要选择永久性的葬地。在制作棺木时，要选择质地坚固的木材。二程反对厚葬，认为只有薄葬，才能避免遗体被盗墓贼骚扰。此外，子女还要按时祭祀祖先。二程认为，豺獭等动物都懂得祭祀，人类岂能连动物都不如？既然每个人都是从祖先那里繁衍下来的，那么我们就应该祭祀他们。

最后，在当代，要孝顺父母，子女不能只关注物质赡养，还要关心父母的精神需要。孔子曰："父母在，不远游，游必有方。"要是我们与父母分隔两地，就应经常嘘寒问暖。孔子说："今之孝者，是谓能养。至于犬马，皆能有养；不敬何以别乎？"意思是说，一个人不能只知道让父母吃饱穿暖，却不懂得尊重父母。到了今天，倘若一个人不关注父母的精神需要，就不算是孝敬父母。只有物质赡养和精神需求都得到了满足，父母才能过一个快乐祥和的晚年。

总之，无论是在工作和日常生活中，还是在教育子女、孝顺父母等方面，我们都要找到自己的位置，做好自己的本分。

四、先公后私

古往今来，公私关系都是人们关注的重点。在今天，义利关系就是个体利益和群体利益的关系问题。儒家认为，做人应该重义轻利，反对见利忘义。二程认为，义利关系的实质就是公私关系。如果一个人能够做到先公后私，就能够妥善处理义利关系。在先公后私方面，汉代名将霍去病就是值得我们效法的榜样。

（一）功勋卓著

霍去病是汉代的著名将领。他平时言语不多，却做事果敢，符合儒家推崇的"敏于言讷于行"。公元前123

135

年，霍去病率领八百勇士突袭匈奴的部队。结果，他取得了大胜，击杀俘虏2 000多人，俘虏了匈奴的相国等几十名高官。在他获胜归来之后，朝廷将他封为冠军侯。公元前121年，他率军攻击匈奴盘踞的河西地区，击杀4万余名敌军，并俘虏敌方高官200余人。同年秋天，他率领部队迎接投降汉朝的匈奴浑邪王。面对部分降兵叛乱的突发情况，他率部冲入匈奴阵中，清除了叛乱者。在他的努力下，匈奴浑邪王成功地率领4万余人归降汉朝。从此，河西地区进入了汉朝版图，祁连山也变成了汉家的疆土。

公元前119年，霍去病率军长途追击，打败了匈奴左贤王的部队。为了庆贺胜利，他分别在今天蒙古境内的狼居胥山和姑衍山举行了祭天和祭地的典礼。他的部队一直将匈奴追击到今天的贝加尔湖附近，使得敌方元气大伤。此后，漠南地区成为汉朝的疆土，汉朝的边疆也获得了难得的安定局面。为了表彰他的卓著功勋，汉武帝曾经下旨为霍去病建造了一座华美的府邸。可是，霍去病却不去居住。他说："匈奴未灭，何以家为？"

由于连年征战，霍去病积劳成疾，年纪轻轻就离开了人世。在他去世后，汉武帝非常悲伤，下旨为他修建了一座高大巍峨、形似祁连山的坟墓。在维护国家利益方面，

霍去病可以说是先公后私的典范了，也是古往今来的为将

者应该效法的楷模。

反之，如果一个人只考虑自己的利益，罔顾国家民族的利益，就可能会遭到众人的唾弃。因此，我们应该妥善处理义利关系，绝不能做一个损人利己、损公肥私的人。

总而言之，二程的理学思想在当代仍然具有不可磨灭的价值。以儒学为主体的传统文化是每一个中国人的精神家园，而理学又是儒学发展的顶峰。因此，对待二程的理学思想，我们不仅要给予必要的尊重和敬意，还应该积极发掘它们的现代价值。

（二）损公肥私

如果一个人只考虑自己的利益，罔顾国家民族的利益，就可能会遭到众人的唾弃。在清朝，权臣和珅就是这样的人。他不仅面容清秀，而且很有才华。在踏入仕途后，由于受到乾隆皇帝的赏识，他一路顺风顺水。在处理李侍尧贪污案时，他成功地从李侍尧的管家赵一恒处取得李侍尧贪污的确凿证据。最终，李侍尧认罪服法，被判处斩监候；而和珅则因立下大功，被提升为户部尚书。按理说，和珅既有才华，又受到皇帝的宠信，理应恪尽职守、忠君报国。

可是，和珅在侵吞李侍尧及其党羽的大批财产后，他的心态发生了改变。他一方面结党营私、打击政敌；另一方面，他积极开设当铺、银号，大肆聚敛钱财。在乾隆生前，和珅深受乾隆皇帝宠信，尽管多次受到弹劾，他的地位一直无人能够撼动。然而，乾隆刚驾崩，和珅就在很短时间内被嘉庆皇帝赐死。在查抄和珅家产后，人们惊奇地发现，他聚敛的钱财相当于清朝十五年的财政收入。由此，"和珅跌倒，嘉庆吃饱"的说法不胫而走。

在目睹和珅以权谋私、最终身败名裂的结局后，我们自然应该妥善处理义利关系，绝不能做一个损人利己、损公肥私的人。无论是在战争年代，还是在和平时期，我们都应该用林则徐的"苟利国家生死以，岂因祸福避趋之"来勉励自己。

总而言之，二程的理学思想在当代仍然具有珍贵的价值。以儒学为主体的传统文化是每一个中国人的精神家园，而理学又是儒学发展的顶峰。因此，对待二程的理学思想，我们不仅要给予必要的尊重和敬意，还应该积极发掘它们的现代价值。

后记

经过长时间的写作，鄙人撰写的《洛学兄弟：程颢、程颐》一书终于要出版了。在付梓之际，本人不禁感慨万分。

以儒学为代表的中华优秀传统文化是中华民族的文化血脉。然而，从五四开始，学界以批儒为时尚，文化血脉的传承也随之有断裂之虞。幸好，近些年来，国家将文化复兴视为中华民族伟大复兴的题中应有之义，积极采取措施弘扬中华优秀传统文化。于是乎，政界、学界都积极推动儒学复兴。

2011年，业师中国人民大学国学院向世陵教授组织人员，开始撰写《中国儒学大众书屋》丛书。当时，笔者正在山东大学攻读博士学位。本着提携后辈之热忱，向教授热情邀请我参与丛书写作。在慎重思考之后，本人选择了《洛学兄弟：程颢、程颐》《岁时佳话：儒家与节庆》和《处世宝典：增广贤文》三本，希望为复兴中华优秀传统文化略尽心力。

遵照丛书主编的写作理念，本人认真阅读《二程集》等元典，积极搜集相关学术论文。之后，本人拟定了写作提纲，终于完成了《洛学兄弟：程颢程颐》一书。在书稿完成后，向教授多次认真细致地阅读了书稿，提出了专业、中肯的修改意见。本人也遵照修改意见，进行了对照修改。最终，本书得以定稿。应该说，离开向教授的指导，本书就无法完成，遑论面世。因此，在本书即将面世之时，本人最想感谢的就是业师向世陵教授。

在笔者完成书稿后，因为种种原因本书许久未能面世。正当本人心生"山重水复疑无路"的感慨时，却忽然看到了出版希望。转机突如其来，不由得让人生出"柳暗花明又一村"之感。

原来，同门师弟杨名先生几年前曾经在西南交通大学出版社出版《说儒（先秦—魏晋南北朝）》一书，并与该社陈斌主编建立了良好互信关系。在杨名先生与陈斌主编多次联络沟通之后，西南交通大学出版社答应出版丛书。经过协商，丛书的题目被确定为《儒家思想之当代解读系列丛书》。《洛学兄弟：程颢程颐》一书作为本套丛书的第一本，也被列入了出版计划。在本书付梓之际，本人谨向杨名先生表示最真诚的谢意！

还有，本成果获得山东建筑大学博士基金［项目编号：XNBS1727］的资助，谨致谢意！

最后，在本书的写作和出版过程中，内子岳晗为我提供了许多帮助和鼓励。在陪伴小女李嘉卉玩耍的过程中，本人既获得了一些写作灵感，又得到了身心的放松。因此，在本书出版之际，我也要向家人表示衷心感谢！

李永富

2018年4月23日